社 会 科 学 研 究 方 法 系 列 丛 书

Writing for Academic Success

Gail Craswell & Megan Poore

2nd Edition

如何撰写学术文章

第二版

盖尔·克拉斯韦尔　梅根·波尔 / 著
邱济芳　聂伟　王晓焘 / 译

中国人民大学出版社
·北京·

作者简介

盖尔·克拉斯韦尔（Gail Craswell）为澳大利亚国立大学研究生高级顾问。盖尔为研究生开发、组织并教授广泛的学术和专业技能培训项目，也为留学生提供相似的预科项目。她就课程作业、学位论文、汇报以及出版提供的咨询对研究生在学科内和跨学科的交流中面临的复杂性进行了深入的考察。2008 年，她受资助为研究生开设了在线学位论文写作课程。2010 年，她荣获杰出服务奖。她在研究生学习、研究和学术写作方面发表了一系列的论文。盖尔拥有昆士兰大学英语博士学位。她最近已经退休。

梅根·波尔（Megan Poore）为堪培拉大学教师教育系的助理教授，她与研究生紧密合作，帮助他们为数字环境下的教与学做好准备。她因倡导将数字技术融入大学和学院环境的最佳实践方法而闻名，这包括发展强大的数字教学法以及完善的风险管理方法。她也是澳大利亚国立大学的学术技能顾问和教育设计师，这使她对于学生和老师在将数字技术融入他们的日常学习和工作实践时遇到的问题有着独特的理解。梅根拥有澳大利亚国立大学社会人类学博士学位。

导　言 1

每一个新的学习层次都是全新的学习体验。学习新内容显然是这样的，但是学习如何将你的研究成果与老师尤其是评审和出版商进行有效交流就并不那么容易了。《如何撰写学术文章（第二版）》是一本全面的实践指南，旨在帮助你获得研究生水平的写作所要求的交流的严谨性；本书经过全面修订，增加了利用数字技术、在不同语境下进行有效在线工作的大量新材料。本书的目标读者是课程型和研究型的研究生。这一指南的部分内容对高年级本科生也适用，尽管本科生写作中遇到的特殊挑战在本书中并未论及。本书的主要关注点是学术写作，但是也在最后两章对汇报、出版以及在线呈现资料等诸问题进行了单独的讨论。

新的学习发生在特殊的语境中，所有交流都受到这一语境的影响。这一语境可能是你写作、汇报或出版的学术社会语境，即你所在的“学科”。鉴于你可能从事跨学科的学习或研究，我们在广义上使用“学科”一词，代指任一学术社会语境。

由于学科或者课程的要求对最终产品（例如提交的论文）的恰当性有着相当大的影响，因此不理解这些要求——包括学科或者课程内部的不同实践——就很难进行好的写作或是汇报。所以我们反复强调必须将所有建议置于学科/课程的语境之中，遵循老师尤其是导师对于写作的书面意见或者其他意见，并经常性地咨询他们。

然而，也有一些好的学术写作实践并不基于学科或者课程。写作的简洁性普遍为学术共同体所重视，同样受重视的还有批判性地处理信息、关注受众的需求、学术写作机制的一致性、细致地处理引文来源、连贯地发
2 展文本、有逻辑而且有力地论证等等。这些资料参见本书第 2 章到第 5 章。

语境的其他方面也可能在研究生的交流中占据突出位置。例如，当有着广泛的受众（比如说会议论文）或是以更为一般化的读者为目标在期刊发表论文时，学科对风格和语言的影响就会降低。受众的需求是所有学术交流中至关重要的因素，在有些时候其对一篇论文或者一个报告的信息和语言处理以及风格和形式都有着非常重要的影响。

目标、不足和本书的结构

本书的整体目标是指明在学习和研究中进行有效交流的路径。正是在这个意义上，本书是一本实践指南。本书的价值在于你可以在自己的实践中遵循建议并检验其恰当性，你可以在相关的方面尝试练习或是跟着一步一步走，可以在实践中应用相关的策略，也可以在不确定时与老师尤其是导师、会议召集人、编辑或是出版社开展对话。

我们并没有覆盖研究生写作的所有类型，也没有穷尽研究生可能遇到的所有多变而复杂的交流挑战，要做到这两点是不可能的。但是，本书前 4 章所涵盖的很多材料可以被应用于大多数写作情境，如果你遇到没有涉及的写作类型，贯穿本书的各种自助策略应该会很有用。

本书的内在组织是，首先在前 4 章讨论学术写作和交流的一般性问题，再在接下来的章节中讨论不同类型的写作、汇报和发表带来的具体问题。实际上，前 4 章是基础章节，涉及了支撑各种研究生写作和交流的大量策略，因而在之后的章节中我们会经常重温它们。

有效管理写作环境会缓解紧张情绪并增加信心和提高效率。第 1 章讨论了旨在实现这一目标的多种策略，包括有效利用社交网络、在生活承诺

和目标中管理自己和写作、利用电子工具提高生产力、处理交流中的（跨文化和数字）挑战、与老师尤其是导师积极沟通以及提高移动技术能力等等。

没有研究和阅读阶段的精心准备，无论怎么努力也不会写出好的论 3
文，你必须确保你有稳固的基础。这包括理解你正进行的写作（体裁）的目的、掌握学科写作实践、在进行阅读和数据搜集之前确定特定任务目标、批判性地处理信息、管理阅读量并减少非产出性阅读、访问纸质和电子的高质量文献、改进信息检索以减少写作时的挫败感，这些都将在第 2 章进行讨论。

第 3 章回顾了学术写作的关键点：在学术写作机制、引用与抄袭以及学术风格的关键层面等一系列语境下改进或是改变实践。这点至关重要，读者因此不会变得迷惑或者迷失，他们可以跟上你的观点并且理解你的重要见解。第 4 章讨论了不同层次的文本可以有哪些好的结构原则来提升结构连贯性（不同写作类型的具体结构问题都在文中合适的地方进行了讨论）。

第 5 章和第 6 章具体讨论了很多研究生课程中的重要写作类型，包括研究论文、书评或论文评论、在线写作（博客和维基百科）。第 7 章转向课程考试，讨论对各种考试论文的有效改进策略和写作策略。第 8 章进入很有挑战性的文献综述领域。第 9 章继续对其他研究生写作类型作进一步的讨论，包括报告和研究计划书。

第 10 章专门讨论论文写作，包括短论文和长论文。第 11 章则全面讨论汇报中的问题。这一章首先讨论汇报的不同类型，包括课堂汇报、研讨会报告、会议报告以及海报；之后则讨论一系列的问题，包括一个汇报的计划、形成、预演以及实际演讲。第 12 章讨论发表以及提升个人简介的具体问题，如果你想要进入研究生涯，这将至关重要。

术语和其他实践

我们尽可能在本书中使用最为简单的术语。这意味着你可能会发现其与你现在所在机构的理解并不一定相同（例如，在某些系统中“课程”等于单元或主题，“项目”等于课程）。本书中，“课程”这一术语指的是你
4 注册攻读的学位，有时候其也与“学位”混用；“主题”指的是你正学习的特定单元，比如说一个讲授课程；而项目指的是比如说“博士项目”的项目。

基于研究生学位结构我们只区分三类学位：课程（无研究）学位、课程和研究学位以及研究学位。这一区分没有考虑不同研究生学位的各种不同头衔，也没有考虑到学位的各种不同的结构，但却能让你很容易地知道自己属于哪一类。

所有可识别信息已经被从研究生写作的说明性材料中删除。为了保证学生的匿名性，书中将用［参考文献］代替文献的真实来源，用［X，Y，Z 等等］替换写作中提及的国家、作者等等。

目　　录

第1章

管理你的写作环境

目标：

通过应用本章的策略、完成本章的练习、遵循本章的程序步骤，你可以有以下收获：

- 在实践中减少与学术写作相伴而来的压力。
- 学会利用你的支持网络。
- 利用行动计划和在线工具来提高生产率以及自己的写作效率。
- 确保和你的老师尤其是导师进行结果导向的交流。
- 理解写作和交流的主要跨文化挑战，为什么它们存在，怎么样处理它们。
- 提高移动技术能力，利用商业网络服务做出明智的决定。

研究生在学术写作与交流中历经苦痛非常常见。信心、激动、自我怀疑、没兴趣、挫败、没动力、孤立无援等情感轮番出现，这样的情绪波动典型而且常见。本章将讨论减少压力并改善写作环境的大量管理策略。

6 1.1 有效的自我管理

对学术写作进行有效的自我管理有很多不同的策略。我们首先强调建立网络的重要性。

支持网络

建立网络需要付出努力，但是它值得你投入宝贵的时间，尤其当你正攻读一个长期的研究学位时。这些建立网络的策略将有助于缓解压力，同时促进你与整个学术圈的融合。

建立当地、全国和国际的同行支持

你的课程或者研究小组中的同学可能是很优秀的支持资源，所以请主动让他们知道你。也请你和所在机构的研究生组织——如果有的话——保持联系。这些组织通常提供大量的社会和学术支持，有着有用的在线资源，它们通常会推动解决研究生所关注的问题，并在重要的机构委员会上代表研究生的利益。与之相似的还有全国性的网站，比如全英研究生会（The National Postgraduate Committee）、澳大利亚研究生会理事会（the Council of Australian Postgraduate Associations）以及全美研究生会（the National Association of Graduate-Professional Students）。

互联网上有着大量国际性的研究生网站和论文支持网站。很多人对写作的咨询就贴在这些网站上，上面还能找到关于如何在研究生学习中“活下去”的大量有用信息。加入聊天小组和其他研究生分享你的研究兴趣也可以带来支持：与你所在领域的同行和学者讨论这种可能性。建得很不错并且非常有用的国际性网站包括研究生支持协会（The Association for Support of Graduate Students），毕业联合会：研究生研究者全球社区（Graduate Junction：the worldwide community of graduate researchers）以及简历：实现研究者的潜力（Vitae：Realising the potential of researchers）。

如果你不清楚，读一读豪尔赫·陈（Jorge Cham）的《堆得更高更深：一个研究生的漫画集》（*Piled higher and deeper：a graduate student comic strip collection*），它会让你轻松愉快而感同身受地知道你所有的问题别人都已经遇到过了！

发现机构资源、获得发展支持

彻底地检索你所在机构的网站，看看它对学习、研究和写作可以提供哪些额外的支持。你也可能在其他机构的网站上找到非常想要的材料，所以可以进行跨机构的检索。不同国家、不同机构的学术技术、学习或者写作中心通常都会为研究生写作和交流提供非常有用的电子资源，如果不确定，就和你的老师确认一下，他们的建议非常可靠。

利用访问学者以及其他学科的专家 7

向访问学者介绍你自己，参加他们在你所在机构进行的相关会议。若是研究兴趣相一致，访问学者可能会愿意给你建议甚至对你的初稿给出反馈。你也可以在与其他学科专家的交流中获益。

个案研究案例

栏目 1.1　其他学科的专家是有用的资源

一个博士研究生在写作中意识到，她的阅读存在很大的漏洞（这并不少见）。她需要对一个著名哲学家的作品的某一方面做出概述，但是她对此所知甚少，因为她并不是哲学系的学生。在快速检索数据库时，数据库中出现了成百上千的可能文献，据她自己说，她“完全陷入了沮丧”。于是她搜索到了一个研究19世纪哲学的专家，联系他并向他解释了自己的处境，问他是否能够为她的所需提供合适的文献来源。他同意了。用她自己的话说，“这节约了大量时间，文献来源实在太多了，他切实地帮助我进入了正确的阅读轨道”。

培养身边人的理解

如果你培养出同事、朋友和家人对你投身研究的理解，他们会是很好的支持来源。但是有些时候，当你没有办法接受社交邀请或是回应别人的求助请求时，你最亲近的人可能很难接受，他们会觉得你僵化甚至自私。这种两难困境并不少见，你可能需要从你亲近的人那里争取更多的理解（参见下文的“练习：平衡自我管理”，该练习的时间管理策略中包含了关系管理的目标）。提前认真沟通好，你可能会经常没有时间；当这种情况出现时，再次提醒他们。也许，也应该不断提醒他们还有你自己，无论学习多长时间，这个阶段总会结束。

关键点

提前确认你的写作高峰时间段（参见下节），你可以向你的伴侣、家人和朋友发出警告。

8 处理你的内部资源

用合适的词汇表述复杂的观点，以论文、长报告或者短论的形式结构化或组织材料或者开展微妙的争论和讨论并不容易。写作是一项费脑力的任务，很少有人能一帆风顺。正如一位学生说的：“写作是一项反复思考的工程——写作不仅仅是写。”

困难时刻时而有之。这种时候你会倾向于进行苛刻的自我批评，甚至复活内心的破坏者（“我对写作总是很绝望”），放大负面内容，强化失败感。因此，有必要利用你自己的资源来正面地肯定你的努力，回顾过去和现在的学术成就，耐心地对待自己，牢记写作总是伴随着学习（这和汇报略有不同），真实地为自己的努力赋予价值，想象学位证书已经在你手中——你会拿到它的。

建立你的在线关系网

和面对面研究小组或是小组作业的合作者保持良好的关系很重要，但是从在线社区和联系人处获得支持也很重要。使用脸书（Facebook）和其他社交网络服务不仅可以分享经验，与朋友和家人保持日常联系，也可以发展你所从事学科领域的学术网络和专业网络。这些关系网不为时空所限，你在之后可能会发现有些联系人尤为有价值。你可能也应该考虑为你当地的“学习伙伴”或者是研究领域开设一个脸书小组。

如果脸书对你没有吸引力，那么其他社交网络服务也许会被证明有很高的价值。Ning.com 被广泛认为是小组社交网络的标杆，只是它的大多数的服务都收费。当然也有很多免费的小组服务，它们都有着非常好的功能，包括论坛、聊天和即时信息（IM）、视频和照片分享、博客、事件通知、小群及其他。在谷歌搜索“Ning 之外的其他免费选择”，你就能发现很多这样的服务。

预先规划：努力最大化

努力最大化，即需要对生活的所有方面都进行有效的自我管理。如果你在生活的其他重要领域承受压力，那么在学习或者研究中将交流活动的努力最大化基本是不可能的。

练习：平衡自我管理 9

第一步

认真阅读图 1-1 的“自我管理矩阵”，对照你自己的情况想一想这四个象限的含义，这将很有启发性，尤其是当你正在为研究型学位写论文且没有课程截止日期的时候。

有效的自我管理意味着避免第一象限的陷阱（忙碌的研究生极易 10
陷入这些陷阱）；避免因为第一象限的压力与重力而陷入第四象限的浪费时间的分心之事；避免过分重视第三象限的活动，其必须得到认真监管。这意味着你要训练自己尽可能长地舒服地待在第二象限，因为正如科维（Covey）所说：“你花时间的方式源于你看待时间的方式以及实际安排优先顺序的方式。如果你的优先顺序的安排是以原则为中心或者源于个人任务并且你发自真心要这样安排的话，你会发现第二象限是进行时间投资的好地方。”（Covey，2004：158）

	紧急	不紧急
重要	第一象限 收缩1：跨越象限1和象限2 当前的任务 • 快到截止日期的项目 • 危机 • 压力问题 • 总是救火 • 问题意识 • 框架化 • 受事件控制 • 高压力：筋疲力尽	第二象限 ☺ 赋权活动 • 主动出击，以原则为中心 • 平衡：关系和结果导向（整体的） • 优化，阐明价值，评估行动意义 • 具体目标设定：长期、中期和短期 • 为达成目标安排时间 • 机会意识 • 协同 • 乐趣与放松 • 控制 • 低压力：灵活性
不重要	第三象限 相关的活动（需要关注这些） • 干扰因素，某些电话 • 某些社会活动和流行活动 • 某些邮件/电子邮件 • 某些会议 • 许多相关和有压力的事情	第四象限 ☹ 浪费时间的事项（从工作的角度） • 逃避行为 • 聊天：面对面、电子邮件、脸书、推特（Twitter）等等 • 电视、电脑游戏、互联网、某些电话 • 无穷的家务活 • 鸡毛蒜皮，大量的琐事

图 1-1　自我管理矩阵

注：修改自“时间管理矩阵”（Covey，2004：151）。

将你的学习或者研究的优先顺序嵌入一系列平衡的生活行为。产生专注于维持和加强关系及获得成果的期望。对想在生活中达到的成果有明确的概念，为实现这些目标组织和执行你的计划。

第二步

具体化所有的常规任务，包括以期望获得的成果为目标设置每周优先要达到的目标。以达到平衡的自我管理为目标，在下表的四个格子中进行这一工作。

表 1-1　常规任务管理表

研究/学习/写作	工作/教学	关系	个体发展
		伴侣？ 孩子？ 其他家庭成员？ 朋友？	生理 心理 情感 精神
(每周想要获得成果的具体顺序和具体目标)			*(很重要的是，不要将你的私人/个人需求排除在外)*

第三步

设定一个**周时间表**。灵活地建立这个表——（至少在你的脑海中）允许第一象限有预料之外的“紧急”事项。计划好的行动可能必须因为价值更高的事情（比如说，孩子生病了）而放弃。更好的选择是以年为单位建立年度**日志**或者**日历**，你可以为每个星期设置具体的目标以及达成这些目标的行动。

第四步 11

建立时间线，你可以对自己的整个任务过程（无论是攻读研究型还是课程型学位）有一个概览。时间线模板如图 1-2 所示：

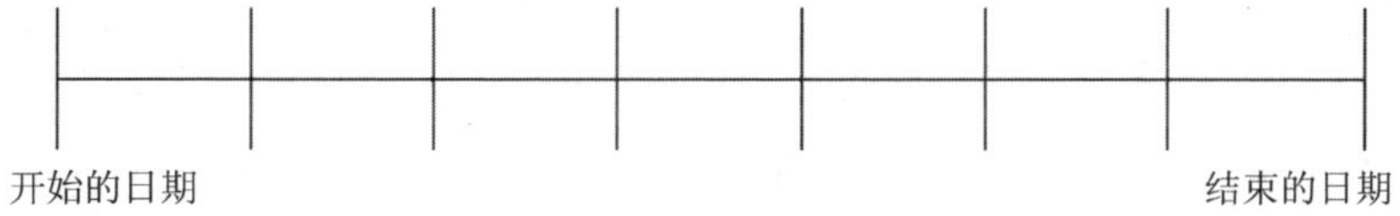

图 1-2　时间线模板

沿着时间线标记**优先日期**（例如，课程评估项目的截止日期、研讨会/会议论文的日期、论文评审进度日期、论文提纲或章节的日期等等）。当这些确定了之后，你就可以在年度日志中为各项准备行动预先设置截止日期和时间点。

利用你的自然生物节律

在更为直接的层面上，个体境况、课程要求、个人偏好和个人最佳状态对于你的写作时间以及写作日程和其他交流活动的安排都会有影响。有些学生短期注意力强，他们需要频繁的短暂休息。另一些学生则更喜欢长时间的写作，他们需要次数更少但时间更长的休息。有些学生朝九晚五地工作，有些则熬到半夜很晚睡觉。有些学生没有选择，只能在全职工作之后以及/或者孩子都上床睡觉之后在晚上写作。利用你的自然生物节律达到最佳效果，预留最佳时间给需要更加艰苦的脑力劳动的写作。

常规化你的写作模式

不管你所处的环境如何，试着建立适合你的常规写作模式，在你有可能达到最高生产率的时候进行写作，做出各种各样的计划，在有必要的时候调整它们。研究生们提出，常规化写作模式在以下方面很有帮助：

(1) 减少通常伴随“我能写时会去写”而来的焦虑，这一导向很容易导致写作延迟。

(2) 建立详尽的写作时间表来鼓励思考。

(3) 提供更强的工作意识，稳步迈向写作任务的完成。

(4) 增强完成任务的信心，这些任务需要你做出很多不同的承诺。

(5) 让你能够提前告知家人和朋友你在某些时候会没空，这将相应地减少家庭压力。

12 提升你的动力

动力是研究生经常提到的另一个重要议题。动力水平会上下波动，而你的内在“动力”时不时就需要重新充电。也许你对自己项目的兴趣会耗尽，觉得无趣或者信心猛跌，严重怀疑自己的潜力或者很有挫败感，这是因为你没有办法获得你所需要的帮助，或者麻烦的人际关系占据了你所有的注意力，或者你正陷入财务困境，等等。任何一个因素或是几个因素，都可能让你觉得缺乏热情，一点动力也没有。

在这种时候，**停下来**！尝试着重新给你的动力充电。你可以使用“先行动后寻找动力”的方法。这一方法背后的观点是，假如你“就去做某事，随便什么事情”，之后继续行动的动力会自己出现。为了动起来，你可以在一开始试试“五原则”：就写五页，或者就写五段，或者就写五分钟，或者给自己设定任何一个“五”。如果你可以完成某个“五”，你很可能会发现，要么你的动力已经回来了，要么由于你已经开始了，停下便是不值得的。如果这不起作用，那么你可能也要试着去解决让你感到没有动力的事情。处理削弱你动力的特殊问题，也许需要你和一个专业的咨询师谈谈，以便控制局面。

管理电脑工作的风险

以积极策略应对生理压力与应对心理压力同样重要，越来越多的人开始关注长时间坐在电脑或是书桌前带来的健康危害。你最好尽可能多地改变你的活动，可以在用电脑工作的过程中夹杂其他任务，如阅读、监控实验或是测试、为下一章构思想法、概述一篇短论或者报告等等任何可以让你离开电脑的事情。当你写作论文这样的长文本以及长报告时，尤其要让你的任务多种多样。同时要小心网上的“时间杀手”，如脸书（Facebook）和优兔网（YouTube），它们只会让你在电脑屏幕前浪费大量的时间。

从你所在机构的职业健康和安全服务处获取建议或者资料，看看如何才能最好地避免会导致重复性劳损的职业性过劳综合征。咨询其工作人员，问问他们是否可以看一看你的工作地点并向你提供一系列简单的弯曲和拉伸运动的方法，你可以经常照着做做。

提高生产率的电子工具

当理解了有效自我管理的原则之后，你就可以开始探索如何利用有效的电子工具来支持你的计划和行动。这些工具（例如 iCal 或是 Outlook 这 13
样的日历软件）可以被下载并安装到你的电脑或是智能设备上，或是应用于在线登录账户［例如谷歌日历（Google Calendar）］中。

要选择怎样的工具有赖于你的需求和环境。例如，如果你在各种不同的电子设备上工作，如使用办公室的电脑、在路上使用智能手机或使用家里的笔记本电脑，那么你应该选择能同步到所有这些设备的工具，或者使用随时都能在线登录的工具。如果你主要使用一台设备，例如家里的个人电脑，那么在本地主机安装软件很可能是你的最佳选择。然而，现在工作场所的移动性越来越强，找到可以同步到所有设备的工具很可能是最可靠的。

日历和提醒

可以在你的电脑上安装日历应用软件（例如 iCal 或者 Outlook），或者你可以随时随地在线访问日历软件（例如谷歌日历）。大多数电子日历系统允许你设置不同的“界面”，如每天、每周、每月、每年等等。日历上你的活动可以设置为公开，也可以设置为隐私。

如果你同时使用若干不同的设备，你可以选择可以同步的日历服务。还可以在日历上设置事件“提醒”，如重要的会议、事件或是截止日期，而提醒软件也可以是独立于日历服务的，可以将它下载到智能手机和平板电脑上。在你的智能手机的应用（App）商店里搜索“提醒”，你会找到一大堆有用的应用。

待办清单或任务列表

很多人喜欢将他们的待办事项列成清单写在纸上，但是越来越多的人发现在线保存或是在移动设备上保存这样的清单非常方便。越来越多的日历系统支持待办清单或任务列表，但是如 Rememberthemilk. com 或是 Toodledo. com 这样更小也更为专门的服务平台可以提供更为灵活的列表设置方式，也提供附加的支持应用，可以在你的所有设备间同步内容。

记笔记

同样地，很多学生喜欢在纸上记笔记，但是电子笔记的好处是它更易访问，存档更为有效，搜索也更为容易。它的缺点是你必须有一个电子设备在你手边！像 Evernote. com 和 Zoho. com 这样的在线服务平台提供的
14 笔记本允许你在笔记中插入图片、音频、超链接、PDF 文件以及其他多元媒体内容。如果你经常“移动”，你可以选择能在不同的设备间进行同步的服务。智能手机和平板电脑上有许多专门记笔记的应用，在你的应用商店里搜一下吧。

文件存储

由于版本控制问题，将文件用电子邮件发给同事（或你自己）并不可取。同时，将你所有的重要文件存在闪存盘也是很轻率的。不管你是想和其他人分享文件还是仅仅自用，创建在线资料库是管理你的文档和其他文件的聪明办法。如 Box. net 和 Dropbox. com 这样的服务平台允许你在线

组织你的文件和文件夹，并将它们同步到你的本地电脑或其他设备（包括智能手机）中，下线之后你仍然能够读取它们。通过这里提到的有效工具，你可以和其他人共享资料，也可以仅仅为自己保存它们。

在线文档

尽管大多数学生习惯于使用微软 Office 产品（即 Word、PowerPoint、Excel 等等），但是越来越多的人发现，使用非私有的免费在线文档服务（如 Google Docs、Open Office 以及 Zoho）非常方便。这些在线软件可以进行文字处理以及制作电子表格、报告（幻灯片）、画图、文件保存等等方面的操作。它们可以在任何地方在线访问，这意味着你不必将你的文档分开保存或是随身带着闪存盘就可以写论文、报告或是短论。在大多数情况下，这些工具的基本功能和 Office 产品相同，但是如果你要使用更为专门化的工具比如宏命令或是标签，那么还是继续使用微软 Office 吧。

谷歌

如果你在寻找能涵盖上述所有有效在线工具的“一站式”解决方案，那么利用谷歌（Google）很可能是最有效的解决之道。一个谷歌账户能够让你拥有专用日历、文件托管和文档服务，并为你提供一系列“小配件”——你可以将它们加进你的账户设置来提升功能。许多（但还不是全部）谷歌服务也有智能手机应用程序。

管理多重交流任务

管理多重交流任务很复杂，一个课程型的研究生很可能在差不多同一时间有若干不同课程的作业需要完成。这种情况会给课程型研究生带来很 15
多焦虑。研究型的学生也可能有截止日期集中在一起的时候，他们因此而倍感压力。要改善你的多重交流任务管理，请提前认真考虑这些操作步骤。

练习：多重交流任务计划

第一步

数一下离最后一项作业的截止日期还剩下几天。现在，在你的总天数中确定你期望分配给每一项作业多少天。在分配时认真思考每一项作业的价值：占分 20%的作业和 80%的作业，需要保障的时间是不一样的。

第二步

确定完成每一项作业所有任务的结束日期。你的结束日期不能与实际的提交日或是考试日相同，下面给出了三个假想的作业结束日期，它们发生在六月的同一周。

（报告截止日期，6 月 16 日）：完成的结束日期，5 月 19 日

（研究论文截止日期，6 月 18 日）：完成的结束日期，6 月 3 日

（考试，6 月 20 日）：所有复习的结束日期，6 月 19 日

你可能愿意先完成一项作业然后转向另一项，或是同时进行涉及两个或多个项目的具体任务（例如，为论文和报告进行数据库搜索）。

第三步

指明每一项作业在结束日期所必须完成的任务。例如，对一篇论文而言（参见第 5 章“研究论文”），以下任务必须完成：

（1）对主题进行头脑风暴之后寻找合适的资料来源［参见第 5 章的“主题（或问题）”部分］。

（2）阅读找到的资料并做笔记（参见第 2 章的“确保信息以任务为中心”部分）。

16 （3）列出论文提纲（参见第 4 章的“材料的可视化图谱”以及“顺序大纲”部分）。

（4）完成论文初稿并修改（一遍、两遍或者三遍?）。

（5）校对，检查参考文献以及图表与图例的准确性，润色文字。

现在，为不同的作业项目设定时间线，包括对完成每一项作业的具体任务的时间进行粗略估计。图 1－3 是关于为论文设定时间线的一个例子：

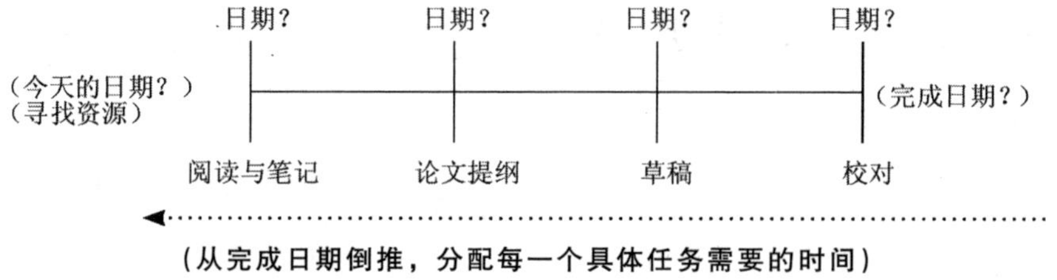

图 1－3　论文写作的时间线示例

将不同的时间线添加到你的电子日历或者钉在你平时工作地点的上方，你就可以通过管理自己的工作进程来完成预定任务。

1.2 与老师尤其是导师交流

良好的交流是与你的老师尤其是导师建立积极的工作关系的关键。永远不要认为你会因为一些想问的问题——无论多么微不足道——而被认为是不合适的：你正在学习，而你的老师尤其是导师会帮助你。同样，永远不要假设你的导师会自己意识到你需要帮助。导师都很忙，心事重重，如果你不告诉他们，他们会认为一切都很好。

关键点

提问——无论遇到你想问的任何问题——不断地提问，直到你明白，或者直到问题被讲清楚了或被解决了。

解决不确定性 17

简单的交流需求可能在课堂上就被快速解决了，甚至在你和老师/导师的偶遇闲聊中就解决了。但是，如果你有更多实际交流的需要，或是真的遇到了严重的问题，你需要安排一次会面来解决这些问题。

练习：解决问题的行动计划

第一步：搞清楚你不确定的问题的性质

在见面之前弄清楚你不确定的问题的性质，你可以进行以下思考：

- 我必须弄清楚或者整理什么？详细说明。

- 在哪些条件下，我写作/交流的不确定性会出现？尽可能具体。
- 我想要从与老师/导师的见面中得到哪些结果？写下来。

第二步：设定讨论议程

设定讨论议程是开始会面的有用策略。当你已经很清楚你想要讨论什么以及为什么要讨论这些时，做一张简明的讨论（议程）列表并且在见面前就把你的议程发给老师/导师，这样他们就有时间了解你的观点了。

第三步：会面时

当与你的老师/导师会面时，你希望讨论能够集中在你的关注点上，而不是陷入困境。以下这些策略能够帮助你：

- 如果你的老师/导师开始离题（有学生指出，他们确实会这样），尝试重新让关注点回到你的议程上，即在说明阶段已经指出的那些要点。
- 留意时间，以便你能够完成议程上所有的要点。
- 你希望见面对你有帮助，因此如果你对对方给出的建议仍然不清楚时，别犹豫，说出来。

18 **电子交流问题**

有效的电子交流是与你的老师/导师打交道的关键。我们在下面列出了一些电子交流的策略。

电子邮件

学生和老师/导师之间的电子邮件交流很常见，也很方便，易于操作，并且因为有着面对面谈话所没有的匿名性而受到欢迎。这是一种恰当有效的交流媒介，是职场上比脸书等更受欢迎的交流形式。而且，当可以选择交流媒介（例如面对面交谈、办公电话或者电子邮件）时，电子邮件很可能是既能够完成你的交流目标又能保证一定私密性的最佳选择。当然，电子邮件作为研究生和他们的老师/导师交流的媒介，确实也在适宜性和有效性方面带来了问题。

（1）适宜性。大多数的老师/导师会回复电子邮件，但是在写电子邮件之前一定要和他们说明使用电子邮件交流的目标。你得决定是否存在某种限制，如什么类型的电子邮件以及什么时间发送的电子邮件可能更受欢迎（例如，约定时间发送电子邮件可能是受欢迎的，但是期待对方对附件中的初稿进行正式的评论甚至是大量评论，可能不会受到欢迎）。

用电子邮件交流讨论敏感问题或是困难问题似乎在形式上更不会产生对抗性，但是电子邮件并不是解决这些问题的最佳方式。通过书写进行交流很难传达情感的细微差别，而且非语言线索对于解决问题的对话而言至关重要，没有这些非语言线索将很难实现完整的理解。在这种情况下，也许电话谈话或者面对面交谈是更好的选择。

关键点

练习自我审查至关重要。

如果你感到生气或者沮丧，请避免发送可能使收件人感到敌意或者疏远的电子邮件。抑制你发电子邮件的念头一天或者一个晚上，直到你已经冷静下来。为了防止误击“发送”按钮，不要在地址栏中键入收件人的地址，直到你确定想要发送。在按下“发送”按钮前再想一遍电子邮件的措辞，或者，也许你根本就不应该发送它。

电子邮件并不能保护隐私或者保守机密，删除它也并不意味着里面的信息被永远抹除。电子邮件可能会被发到错误的地址，有些人可能会访问收件人的电脑，收件人也可能在未经发件人允许的情况下就转发邮件，或者它们可能在被删除后从服务器被恢复。所以，如果机密性是最重要的，多想想要不要使用这一媒介。 *19*

（2）有效性。你和你老师/导师关系的质量会影响到电子邮件交流的有效性。如果你们的关系信任而开放，那么电子邮件会很好用。但是如果你们之间关系紧张，尤其是在不平等权力关系的背景下，电子邮件可能不是最佳选择。你至少可以想一下这个问题。

你期望的交流时限也会影响电子邮件交流的有效性。很多学生对迟来的回复，甚至是一点回复也没有感到沮丧。这可能意味着老师/导师外出了，电子邮件可能不方便用，或者你的邮件在数以百计的未读邮件中恰好被忽略了（这是个大问题），或者在需要完全负责的重压下老师/导师没有办法马上做出回复。一封跟进的电子邮件可能有用，但是也不一定。如果必要的话，你仍然需要打电话或者约对方面对面交谈。

交流的清晰明了也很重要。在任何书面文本中，认真思考读者的需求以及整体的文本质量是非常重要的，你必须保证收件人能够非常清楚地理解信息。匆忙写就的电子邮件很容易带来误解，也会带来毫无帮助或是消极的回应。你必须明白，在线媒体本身限制了面对面交流中对任务敏感的对话的发展，但是这种对话对于通过讨论理解文本的写作并提出改进策略非常有价值。因此，当你的电子邮件得到的反馈看起来有些唐突甚至漠不关心时，想想这一点。

最后，如果长时间通过电子邮件处理敏感问题，要保存打印记录以防将来需要回顾这些“对话”。例如，可能需要解决事件过程中出现的意见分歧。

脸书

今天，像脸书这样的社交服务为许多人提供了基本的个人在线交流平台。尽管你的老师/导师可能有一个脸书账号，但是他们可能更愿意以电子邮件的形式进行“工作”交流。同样，你可能也不希望你的老师/导师看见你的私人账号。与他们讨论一下，就你的情况而言通过脸书（或者类似的社交工具）进行交流是否是合适的交流方式。

20 手机和短信

和社交网络成为流行的个人交流平台一样，手机交流也非常流行。相似的问题也出现了，即它们是否是老师和学生之间交流的合适手段。有些老师/导师更喜欢你打他们的手机，但是另一些不愿意。短信是有局限性的，在什么时间段打电话也是；当然，对于你和你自己的偏好而言也同理。同样，要提前讨论这一问题，以避免对什么是合适的交流方法产生误解。

1.3 跨文化写作和交流问题

留学生所遇到的许多写作和交流挑战与其他研究生是一样的，所以一定要复习之前的章节。但是，假设之前对普通的研究生有效的做法也会对留学生有效并不明智。同样，对于英语是二外甚至是三外的学生而言将所有的交流困难都归因于英语水平也并不明智。

下面这些跨文化问题会因为教学和学习以及学生和老师之间的关系行为的内在期望而产生。

批判

人们期望你对写作和交流中讨论的所有资料持完全的批判取向。如果在写作中进行分析、批判性地评价和争论对你来说很困难且具有挑战性，第 2 章的“批判性地处理信息”部分会对你很有帮助，同时还可以参见第 5 章的“建立论点”部分。

发展独立性

如果在你的文化中老师/导师被看作学生必须向他们学习的权威，你可能会希望你的导师能够指导你学习或者研究的所有环节。西方大学的主流期待是，学生是自我指导的，老师/导师仅需进行引导。这是本书之前讨论导师与学生之间关系的关键原因，因此你可以明白导师对你有什么期望以及你可以从导师那里期待什么。对不同的导师你可以有不同的期待。

接受引导 21

如果你在自己的国家已经有了权威和受尊敬的地位，比如说已经是高级公务员或者是学者，现在是回过头来学习，那么你会发现接受学生的身份很困难。在这种情况下，你的调整策略与刚才提到的正好相反。你可能需要不那么独立地工作，在合适的程度接受导师的引导。导师的投入对于保证论文能满足学位要求的标准至关重要，显然在这方面导师才有着最佳理解。

进入辅导“对话”

你可能会发现辅导会面有些奇怪，大家都在同时说话。学生看起来不怎么尊重老师，辅导也不会形成建设性意见。但这是一个不同文化行为的问题。由于强调批判性参与，老师大多选择不提供答案，而更愿意激励学生自己思考，他们对学生提出问题，允许学生小组讨论问题，挑战包括老师自己的观点在内的每一个人的观点，并随意地进行争辩。

有些留学生很难参与进来，他们太礼貌，不会打断其他人。如果你有这个问题，请你的老师帮助你。在每一次辅导会面中，至少从你的阅读中提出一个你想要引入讨论的问题，问问你的老师，看看他能不能在你发出你们约定的信号时邀请你发言。你会逐渐变得足够自信去参与“吵闹的”辅导对话。

使用英语

大多数研究生为做辅导、参加研讨会或是进行会议报告（参见第11章的“口头汇报的性质”部分）感到担心，尽管并不是所有人都因为有着说非母语的负担而担心自己的发音。也可能英语表达是你在写作中进行清楚交流的阻碍。你可以尝试下面的帮助途径，看看哪些方法是可行的。

（1）看看你的老师/导师准备提供怎样的写作帮助。

（2）调查下你所在的机构在学术技巧、学习或写作服务方面能提供哪些帮助。

22 （3）找一个母语为英语的朋友或者其他合适的人和你一起过一遍你的论文，练习那些你并不确定发音的单词。

（4）搜寻对英语语法/表达/发音有用的网络资料或在线服务［普渡大学在线写作实验室（Purdue OWL）就很不错，搜索它］。

（5）在你的智能手机或是其他电子设备上下载发音、语法和词典应用。发音应用以及某些词典应用能够提供正确发音的音频示例。当你选择发音应用时，试着找一个带有生动示例的。

(6) 看看是否有适合你日程安排的可以提供学分的学术方面的英语课程你有时间可以上。

最有用的就是在语境中练习你的英语，这主要是指在你写作学位论文需要各种文本时或是在准备你的汇报的真实情境中练习。这种类型的练习有助于你改进对英语的掌控，但是这不一定能扩展到编辑方面的问题，即不一定能帮助你修正语法。对其他适于语境的第二语言问题的讨论将贯穿本书。

使用学科语言

有效地使用学科语言（不同于英语）也应该在写作和汇报中引起关注，这种情况可以参见第 2 章的“练习：掌握学科写作实践”部分。

人际关系

你可能会发现你与老师/导师的人际关系有着显著的不同。你可能必须更主动地询问问题，协调与导师的关系，适应不同的称呼形式（例如直呼老师的名字），或者和你的导师设定见面时的讨论议程。如果你被要求设定会面的议程，在与导师见面之后以及下一次见面之前将下面这些记下来：

(1) 关于你的阅读材料和所收集数据的有趣观点或者解释。

(2) 你关于整个研究计划的想法。

(3) 改变你的研究焦点或者研究方向的建议。

(4) 关于内容的所有不确定性或者困难，或者需要讨论的研究程序。

(5) 任何你认为重要的需要讨论的点。

1.4 在移动中研究 23

移动科技正日益成为日常交流实践的中心。这些技术带给学生全新的、更有弹性的学习内容获取方式、更多的实地实时讨论机会、更好的数据记录方法和研究合作途径。

使用移动技术的好处

手机

你不需要拥有最新的智能手机就可以进行强大的移动学习和研究。今天最简单的手机都装备有稳健的数据记录和回放功能，包括摄像头、音频和视频记录，还有其他能够记下文本笔记的工具。你可以利用这些功能就地记录数据，并在之后更为方便的时候访问它。某些机构会通过短信将重要的公报发送到你的手机上，例如紧急警报或自动发送的课程信息，所以请确保你的学生注册系统中的联系信息是最新的。

智能手机应用

如果你有智能手机，比如说一部苹果手机（iPhone）、黑莓手机或者安卓手机，那么你可以访问无数“应用”来拓展你的学习或者研究。你可以在任何地点访问这些可以提高生产率的应用，它们可以帮助你安排事件或者任务、检索文档或文件以及记笔记。如果你是个留学生，英语是你的第二语言，那么访问应用以获得即时的语法、拼写以及标点知识对你来说可能非常有用。你会发现其他的应用也很有用，比如计算器、单位和货币转换器、时钟和秒表、圆规、量角器、直尺以及声级指示器等等，它们几乎就是你在你的学科领域中可能用到的一切工具。

平板设备

鉴于学生和研究者想要“一直开着”的既便携又灵活的电脑设备，这些触屏设备在学生和研究者那里找到了商机。平板设备使你能够下载和阅读电子书以及课程材料、访问文件，通过手写或者键盘键入来记笔记，使用与智能手机相似的许多应用。平板设备比笔记本电脑更好的地方在于其体积更小、重量更轻，能够很好地在路途中就接入因特网、记录并传输数据。

24 但是，小尺寸也可能是它的缺点：如果需要更为强大的设备，你需要买一个笔记本电脑。

笔记本电脑

对于许多学生而言，笔记本电脑是他们主要的个人电脑设备。与平板设备不同的是，笔记本电脑可以做一台正常电脑可以做的一切，因而如果你没有办法负担适用于所有场合的设备的话，笔记本电脑是移动学术和研究中的很实际的选择。

录音

研究生往往不能很好地利用录音，尽管录音足够简单，并且用你随身携带的或者正好在包里的设备——即你的手机或者笔记本电脑——就能做到。录音可以记录你走向公交车站时突然进入你脑袋的想法或是你和同学关于课程或者研究主题的对话。录音甚至可以用来记录讲座或者研讨会，当然，这需要得到允许。你可以在自己的时间、自己的地方听录音，如果英语是你的第二语言，这将尤为有效。

有些学生将录音用作日常研究活动的一部分，例如在研究参与者所处的环境或工作场所对访谈进行录音。在这种情况下，你将需要一个专门的电子录音设备，通常它有着比手机更强大的音频存储空间。这些录音设备小巧而不显眼，对于某些类型的田野调查和研究而言至关重要，但是它们有着不同等级的质量。总的来说，它们的质量和价位成正比。你的笔记本电脑可能也能录音，但是它太笨重了，不能到处携带，放到被访者面前也太令人生畏了。

记住，如果你未经允许就录音，并且/或者将电子录音上传到第三方网站，即便你将文件设定为“私密”，你也很可能会违反有关隐私的相关法律（参见本章后面的“在线安全保存”部分）。

视频和照片

几乎所有的手机都可以快速录视频或者拍照，如果你需要记录更多的视觉过程，比如演出、某些实验室实验或者你在研究中遇到的所有其他现象，这将非常有效。使用视频和照片的原则与录音相同：如果需要专用的视频设备，你需要“花钱买质量”，且不要将任何包含他人照片的信息发到网上，除非你获得了他们的允许。

播客和电子音频 25

网上可以找到数不清的播客和音频服务，其中有很多会与你的研究或者学科领域相关。花点时间检索 iTunes、iTunes U 或者其他播客目录，比如说 Podbean. com、PodcastDirectory. com 或者 PodcastAlley. com，订阅你找到的资料或者下载到你的 MP3 播放器中。在你方便的时候听这些资料将极大地增强你对研究主题的理解，并可能给你带来之后可以跟进的想法。

在线安全保存

随着对本书的阅读，你会发现我们建议你使用商业在线电子工具或者服务来支持你的写作和计划。找到合适的电子工具能极大地助益你的学习和研究，它们可以提高你的生产率，帮助你将论点可视化，组织你的研究材料并简化你的写作过程。但是，重要的是你不能随意地注册网站或者服务，也不能随意地从网站或者服务平台进行下载。在你注册任何在线服务之前，思考以下几点。

关键点

无论何时，当你想要在互联网服务平台创建一个账号，都应谨慎行事。

版权和知识产权，包括学校规范

当注册一项网络服务时，你应该非常清醒地意识到版权和知识产权（IP）的含义，因为你可能无意间放弃了对材料的权利——这些材料在技术层面上并不属于你。

版权　各个国家的版权法有很大的不同，而且都非常复杂，但是总的来说，对于你生成的创造性工作，例如研究论文、学位论文和幻灯片，版权相关的所有权利会自动归属于你。信誉良好的服务平台不会问你要版权的控制权，你发布的任何工作或者数据，版权都仍是属于你的——假设你确实是一开始的版权所有人。

作为学生，你很可能对学位学习过程中生成的所有材料都拥有版权，
26 然而事实上并非总是这样，比如你可能拿了行业奖学金的时候。你必须清楚自己拥有以及不拥有与版权有关的哪些权利——我们很容易假设，一旦

你创造了一项工作它就是你的，即使其他人实际拥有着它的版权。

关键点

你必须检视你所在的大学的版权和知识产权政策，搞清楚你拥有你的作品的哪些权利，而你所在的机构拥有哪些权利。

知识产权　服务平台可能会索要你的知识产权的分许可（以便它们可以呈现你的作品）。研究者和学生通常保有其作品的知识产权，但是这在不同的机构有所不同，某些机构（比如行业奖学金的提供者）要求拥有你在其资助下获得的所有知识产权的独家许可，不管你是研究者还是学生。

服务条款

我们常常没有读过服务条款（又叫条款与条件）就在网站和网络服务平台创建了账户，即使我们被要求在注册前同意这些条款。不得不读满屏的法律术语似乎很乏味，但是有些事情是你在点击“提交”按钮前就应该关注和理解的。当然，一定要记住，服务条款随时都会发生改变。版权问题上面已经提及，但是这里还有一些有关服务条款的其他问题也是你应该熟悉的。

关键点

确认你已经理解并且可以接受你想要注册的服务的隐私政策。

隐私　你应该清楚服务会保存多少个人信息，这些信息会被提供给谁。许多服务允许你保有你在站点的全部或者部分“隐私”，但是实际上这仅仅指“不被公开查看”。当然，就你的情况而言，你可能完全可以接受这一情况。你必须保证你自己遵守了所在司法辖区的隐私立法。在很多国家，你并不被允许在未经他人同意的情况下提供其他人的个人信息。因此，如果你将联系人的数据库上传到第三方组织，你可能违反了法律。 27

数据安全　服务会怎样保存数据并保证其安全？某些服务允许第三方

查看你的数据，但是仅限于维护服务的目的，且这些第三方需要签署保密协议。还有一些服务不那么严谨，其允许任何付钱给它们的人（比如广告商）查看你的详细信息。你也应该清楚服务条款是否已经规定了该服务应如何保护你的数据免受未经许可的访问或是攻击。

删除信息 有些服务会删除在一定时间范围内一直闲置的数据。例如，如果你在六个月内没有登录你的账户，服务会自动关闭你的账户或是理所当然地删除你的资料。

向服务提供信息 你应该只需要提供用户名、电子邮箱地址以及密码就可以创建一个账户并获得某项服务（有些服务要求用户提供出生日期，因为其对用户的最小年龄有限制）。即使注册栏要你填写地址、民族、兴趣、宗教信仰或是政治信仰等信息，这些也都不应该是必填栏目，在提供这些具体信息时你应该谨慎。

控制电子邮件通知 好的服务会允许你控制其发送给你的通知或者广告邮件。如果你的账户设置里没有关掉这些信息的办法，那么你很可能不应该注册这些服务。在很多国家，这些信息被认为是“垃圾邮件”，如果你不能控制对它的接收，那么这些信息就是非法的。

收费 许多网上的工具和服务是免费的，即使它们是由商业公司提供的。这些公司通常通过情境广告以及对基础服务的“优质升级”来赚钱。如果你不想为服务付费，那么就可以仅仅选择免费服务，使用你所需要的基础功能。但是，即使在这种情况下，你也要清楚某些服务随时都可能对其产品收费。

关于服务本身的考虑

服务条款中列出了许多条件，你在同意之后使用服务，但是在注册时并不是说了解公司的这点信息就可以了。如果你想要长期使用服务，那么
28 了解些它的业务以及业务模式会很有用。Mashable.com 和 Techcrunch.com 这样的技术产业网站是这方面信息的很好来源，它们经常对我们接下来要讨论的点进行评论。

业务稳定性和持久性 在现代网络环境中，成立五年的公司通常就被认为是成熟而成功的，而其背后应该也有着良好的业务模式。例如，公司

是怎样赚钱的？谁是投资者？它吸引了哪些其他资金来源？它雇用了多少人？你并不是作为商业领袖来理解这些事情，而是说你应该对持有你数据的公司有所了解。

可靠性　所有的在线服务都会存在某些用户不能访问的时间段，或者是因为公司需要对其软件或者硬件进行升级，或者是因为系统出现了技术故障。话虽如此，某些服务还是比其他服务更为可靠。可以访问服务的讨论版（应该有一个论坛或是类似的空间）看看是否有对服务可靠性的抱怨，你也可以在这些论坛上评估用户整体上对服务的满意度如何。

数据锁定　不管一项服务的可靠性或是其他方面如何，如果这家公司将你的数据锁定为只有其独有，那么你就不会想要注册成为该公司的用户了。为此，你应该选择允许你将数据导出为通用形式（例如 XML、OPML、RSS，这取决于你工作的数据类型）的服务，因而你可以根据自己的需要将数据转移到其他地方。

实际问题

当你使用商业在线服务时，还有某些实际的问题需要考虑。这些事项很大程度上在你的控制范围之内，包括以下几点：

公开还是私人网站　许多商业服务允许你决定谁可以以及谁不可以看你的资料。你必须决定你所期望的数据可见度。例如，假如你正寻求在研究共同体中提升你的形象（参见第 12 章的“提升你的形象：建立一个电子档案袋”部分），那么很显然你希望你的工作是公开的。但是，假如你正使用在线服务进行机密或者敏感的研究，那么选择可以允许你将研究设定为“密”的服务至关重要。

备份　如果提供服务的公司一夜之间就消失了，你会不会失去所有保存在那里的数据和工作？对于所有研究生而言，这都是骇人听闻的故事，
但是这个危机也是很容易就能化解的，只要你选择的服务允许你导出自己 29
的工作，使你可以进行本地备份，并且将备份导出为通用形式（参见之前讨论的“数据锁定”部分）。更好的服务是可以自动地将你的数据与本地硬盘同步，在这种情况下你就没有必要考虑定期进行手动备份了（参见后面“备份你的工作”部分）。

帮助和支持 免费网络服务都设计得很好，所以你不需要指导手册就可以使用它们，因为有关服务的说明通常已经内置于网站的设计中了。这就是为什么你在在线服务平台有了账户之后通常就找不到“服务台”了。但是，有时候你就是无法弄清楚该怎样使用某一功能，或者不能将你认为可以上传的文件上传上去。在这些情况下，你只能搜索网站的问答（常见问题）或是论坛，或是在其他网站搜索问题并找到答案来自己解决。

带宽、因特网接入以及学生配额 你的在线活动所需要的带宽是变动的，取决于你正使用的服务类型。如果你正上传很大的文件（例如视频、音频或者包含大量图片的幻灯片）到网站，那么你需要高速的网络连接，否则的话得花上好几个小时。下载也是一样。你还应该想想你是否24小时都可以接入网络。这看起来似乎是很显然的，但是如果你正在没有因特网或者无线覆盖的地区进行田野调查，那么你就没办法访问你的在线数据（你也不能将数据同步到你的本地设备）。此外，如果你所在机构对因特网使用有配额，那么使用一系列的在线服务将没有意义，因为你很可能经常超过这些配额。

最后，注册哪个服务甚至是是否注册都由你决定。关键点是你要清楚相关的问题和意义，无论你什么时候在线，都要思考它们。电子数据和物理数据有很大的不同，在电子环境中工作会同时带给你风险和收益，你需要能够将两者安全地处理好。在这里，记住丹娜·博伊德（Danah Boyd，2011）指出的所谓“网络公众”（networked publics）的四个主要特征是非常有用的，四个特征的内容如下：

(1) **可复制性。**你放在网上的资料可以以你没法控制的方式被复制、转发、改变和重新利用，当然有时候这也会令你高兴。

(2) **可搜索性。**网上的所有东西都可以被搜索和找到，不管你是否将你的站点设置为“私密”的，总有人能绕过你的隐私设置找到它们。

30 (3) **持续性。**你放到网上的东西会一直在那里。即使你认为你已经将某物移出了公众视线，搜索引擎仍然可能找到并缓存（获得）你的资料。

（4）**不可见的观众。**你不能确定谁在看。轻率的评论或者低质量的工作都可能被未知的观众阅读，以防万一，你应该永远专业。

备份你的工作

管理现代研究生写作环境的最后一个问题是以电子形式备份你的工作。你的很多工作，无论是论文、笔记、照片、数据库还是其他，都会是电子形式，你必须创建备份以便在计算机崩溃或者类似的你不能访问原始资料的情况下可以继续访问你的资料。但是，备份不等同于简单“保存”你的工作，备份意味着对数字资产进行完整的拷贝，并且在理想化的状况下将它们存储在两个不同的电子场所。保存工作指的并不是仅仅对你正在进行的工作文件的最新版进行单一的本地保存。

关键点

记住：备份工作是你的责任。

备份不太显眼的文件

大多数学生会习惯性地对论文章节或者课程论文进行备份，但是可能会忽略不太显眼的文件，例如照片、数据库、视频集、图表、网站列表、电子笔记甚至是软件包。写作或者研究所产出的每一份相关资料都应该备份。你也应该将与导师/老师或者所在机构之间重要的电子邮件和交流记录进行备份，因为你也不知道你是否会再次用到它们。用关键词给所有文件“贴上标签”，以后你便可以轻易搜索和找到它们，或者利用有条理的文件夹系统来管理你的电子资料。

备份在线作业

如果你需要完成在线作业（例如通过维基百科、博客或者论坛完成作业），那么你有责任对你提交的工作进行备份，就好像你上交纸质作业时总会备份一样。如果你的老师做出了明智的选择，那么你完成作业所使用的服务会允许你以标准文件形式导出你的资料，并允许你在任何地方（如优盘、本地硬盘等等）保存一份备份。假如不能直接从服务平台导出你的 31

资料，那么就用你的浏览器为你的工作保存一个网页拷贝。简单地打开文件，然后另存为，以这种方式保存你的工作，之后创造一个外部备份，以防万一。你可以在你的浏览器中打开并阅读你已经进行本地保存的网页。

定期备份

你当然应该至少每周都备份你的工作。留出一个特定的时间用来备份你的工作，比如说每周五下午 5 点。但是，如果你在资料中增加了特别重要的内容，那么你应该更为频繁地备份你的工作，这意味着你每天都需要备份甚至每几个小时就需要备份一次。让常识来决定什么时候需要备份，但是要记住，有备份但不使用比起没有备份而丢失了一整个月的工作要强得多。

创建外部备份

在你正在使用的硬盘里多拷贝一份文件不叫备份，这只是你硬盘的文件拷贝。合适的备份是指在文件平时存储的系统或者设备之外进行保存。创建这种“外部”备份最明显和最常见的方式是将你的资料保存在优盘中。这些小巧的优盘可以完美地保存那些不占多大空间的文件和文件夹。但是，假如你的工作包含大文件（例如专业三维设计记录、高分辨率图片或视频），那么优盘很可能装不下你所需要的一切。购买一个大容量（即 500G、1T 或更大）的外部硬盘，以便当你的电脑崩溃时你还对所有努力工作的成果存有完整的备份。

将你的工作在线保存，或者也被称为存在“云端”，也是创建外部备份的一种方式。只要你有因特网接入，你就能访问你的工作。将你最为珍贵的工作刻成 CD 或者 DVD 也相当明智，这意味着即使在最差的情况下你也有了另一种访问已丢失的工作的方法。不要忘记，你工作的纸质打印稿也是一种外部备份。例如，论文章节的草稿可以被打印出来并放到文件柜里以防你的电子数据被损坏。不管你选择怎样保存外部备份，我们推荐你使用多种形式，你应该至少有两个外部备份，在备份过程中保持适当的冗余。

32 在不同的地方存放备份

在同一个物理地点进行两种外部备份是没有意义的，因为这个地点可能因为火灾、洪水或其他灾难事件而变得不可进入。将你工作的备份分别保存在家里和办公室或者其他安全的地点，或者确保你的在线备份是最新的。

使用自动备份

作为自己手动备份工作的辅助，你也应该考虑自动创建备份。大量在线公司对此提供付费服务（搜索“自动数据备份”或者“自动备份服务”，或者类似的关键词），所以在进行选择之前你要好好做一点研究。使用这些服务的好处在于，在你工作的同时因特网上的外部备份就会被自动创建了。如果你的设备是苹果电脑，有“时间机器”功能，你要确保它与外部硬盘一起被激活并且将它设定为每个小时备份一次。时间机器不仅可以备份你的文档和文件，也可以备份你的整个系统，包括应用和设置。它可以使一台崩溃的苹果电脑完全重新启动并且重新恢复到你电脑保存的最后一个版本的备份（或者甚至是前一个版本，如果你想要的话）。创建自动备份的最后一个方法是使用在线文件夹或者笔记本服务，比如 Evernote. com、Dropbox. com 或者 Box. net，它们可以自动同步你的本地资料到在线环境，也可以自动同步到各种设备。

1.5 进一步的资源

Fowler, H. R., and Aaron, J. E. (2001) *The Little, Brown Handbook*. 9th edn. New York: Longman.

这本书篇幅很小，但是它真的是一本有用的参考书，它真正做到了其口号中所说的“回答你关于写作的所有问题”。

Mainhard, T., van der Rijst, R., van Tartwijk, J., and Wubbels, T. (2009) ‘A model for the supervisor-doctoral student relationship’, Higher Education, 58 (3): 359－373.

这篇文章描述了学生与导师的关系中出现的问题，提出了人际指导行为模型，也提供了导师-博士生互动问卷。

Swales, J., and Feak, C. (2004) *Academic Writing for Graduate Students: Essential Tasks and Skills*. 2nd edn. Ann Arbor, MI: University of Michigan Press.

对于英语并非母语，但是想要花时间探索错综复杂的跨文化写作差异并学习如何克服这些而进行坚实的学术写作的学生而言，这本书是极好的资源。

第2章

充分准备的基本原则

目标：

通过应用本章的策略、完成本章的练习、遵循本章的程序步骤，你可以有以下收获：

- 理解体裁（写作类型）以及学科实践对学术写作的影响，并通过学习你现在正在进行的写作类型来提高你的现有技能。
- 培养批判性地处理信息的能力，以便获得完成写作任务所需的合适信息类型。
- 懂得拥有最佳信息，即获得高质量的学术资源。
- 在阅读或者搜集资料之前认识到清晰界定研究目的/目标的重要性，确保信息以任务为中心。
- 确定管理阅读量的策略，减少非产出性阅读，改进信息检索。
- 管理写作的效率，处理来自老师/导师的反馈，应付“写作障碍”。

有效的学术写作植根于充分的准备。在这些准备中，理解写作的类型和学科实践对所有的学术写作来说是至关重要的一步。最重要的是，你必

34 须进行坚实的信息管理实践，通过获得最好最合适的信息来很好地完成一项具体的写作任务，不管是写一份报告、一个博客日志、一篇研究论文、一篇学位论文还是任何其他写作类型。

2.1 理解研究生写作文化

研究生写作文化确实很复杂。你很可能要写作完全不同的体裁类型，例如博客日志、报告、小论文、重要的学位论文、会议论文或是期刊论文。由于不同的学术写作体裁类型有着不同的目标，也有着不同的基本惯例，它们的目标与惯例影响着语言、风格、结构以及信息处理，而所有这些都会进一步受到学科实践偏好的影响。

由于这一复杂性，你可能会发现自己面临着意想不到的挑战：你正写作自己并不熟悉的类型；或者你发现对某一特定写作类型的理解目前还不充分（例如，你在工作中或者在本科阶段有过写报告的经历，但是你发现你必须改变或调试你的实践以适应目前的课程所要求的报告写作）；或者你发现在处理熟悉的概念或信息时提出的问题类型在目前的课程中已经完全不同。

关键点

如果你在研究生阶段转了学科，工作了很多年之后重新回来学习或进行研究，或是之前没有在西方大学里学习过，那么你需要花点时间让自己适应课程类型的具体要求。请争取你老师/导师的帮助。

或者，也许因为是在跨学科甚至是跨文化的环境中，你正努力学习一门新的学科语言，所以你现在不得不提高在学术领域内用学科语言进行英语写作的能力。学科语言是一种特殊的语言类型，我们来看一看以下从不同学科的学生作品中抽取出来的独特语言类型：

法学：

在澳大利亚首都电视有限公司诉联邦案（ACTV）与澳大利亚全国新闻有限公司诉威尔斯案（Nationwide）中，大多数法官从总体结构出发**给出**了言论自由**的含义**……X 指出，对政治事件的言论自由是政府正 *35*
当运作的应有之义，因此，1991 年政治公开法案（ACTV）以及 1988 年劳资关系法案（Nationwide）的**相关条款**被**裁定**为无效［参考文献］。

系统工程学：

合并来自声呐传感器的报告，直到**可信度**收敛到大于等于 0.99。

你会发现，正如预期的那样，在每个案例中不同的不仅仅是主题（内容）的性质。在法学的例子里，文中强调的短语显然就是法律用语，我们不会在日常谈话中给出“自由”的含义，或是裁定“相关条款”。同样特别的是“可信度”一词的非常规使用：在系统工程学的例子中，它的意思是“概率分布”。

掌握学科写作实践

通过学习你现在必须进行的写作类型的模板，你可以深入了解写作过程，比如如何在关注点、结构、学科写作实践包括学科语言等方面将文本组合在一起。

接下来的练习旨在帮助你掌握文体和学科写作实践，如果你在上面花了时间，你将受益良多。

个案研究案例

栏目 2.1　学生在学科写作实践的学习中获益甚多

一个英语非母语的学生在写作考古学学科论文时感到使用英语动词时态很困难，她搜集了一整套复杂用法的例子，帮助自己克服了困难。另一个研究生说，通过学习他已经“学会了”论证的艺术，用他的话说，他学会了“他们是如何将观点放到一起的以及证据意味着什么”。还有一个学生很难写出强有力的讨论部分，他学习了已发表文献

36

练习：掌握学科写作实践

的“讨论”部分的组织策略，感觉自己“对如何做好有了更多的自信”。

你已经受过良好的训练，知道怎样阅读内容，知道作者表达的是什么。你也可以训练自己系统地关注一个文本是怎样形成的，不要关心它说了什么，而要关心它是怎样说的，即去关注写作过程和语言选择。当你做这个练习时，你可以记一些学科实践的笔记，在线记或者记在笔记本上都可以，以便将来参考。

第一步

选择一个你正在进行的写作类型的样本（例如短文、报告、研究计划书或者论文），让你的老师/导师给你提供一个好的模板（并非总是可行），或者请老师给你推荐一篇写得很好的论文。如果你想从已发表的论文中选择，那就选你觉得有趣并且易于阅读的，而不要去管内容的难易程度，因为并不是所有的发表论文都写得很好。

第二步

为这一练习留出常规时间，也许每周两次、每次一个或两个小时。现在从下面的类别中选择你需要关注的方面，每次只关注一件事情。

信息处理

（1）思考作者在文本的不同部分包含的信息类型。

（2）思考作者是怎样处理信息的，如怎样提出问题，哪些问题被认为是重要的，以及理论、模型、方法论、应用的程序等等（这些对跨专业者很重要）。

（3）探索作者如何在讨论中处理理论、利用模型或是应用方法，尤其留意任何与你特别相关的东西。

（4）跟踪论证的发展，仔细研究作者是怎样提供证据支持论证的。

（5）关注作者是怎样呈现并讨论结果或者数据的。例如，在你的实践中你发现结果呈现与讨论之间有哪些差异。

（6）仔细检查一两个部分的引用实践，看看什么时候以及在哪里会出现引用；研究或者一组研究中怎样使用直接引用、解释材料使用额外脚注或者列出参考文献。

(7) 研究在不同语境下的写作中怎样使用不同的细节，比如如何详细呈现程序和方法。

语言特征 37

(1) 仔细看看作者所使用的典型术语或表达方式。

(2) 思考用于描述特定过程或方法或其他过程的语言/表达方法。

(3) 看一下第一人称"我"是在文本的某些地方被使用，还是完全不用。

(4) 想想作者在报告其他学者的研究时所选用的动词时态，或者想想文本的不同部分所选用的动词时态，或者想想报告中动词使用的范围与类型。

(5) 回顾语言的选择。想一想文中使用的语言是多么容易理解、可预测、不同寻常、引人注目、有效，也思考一下词汇的范围，这可能成为你拓展自己词汇量的途径。

组织特征（可参见第 4 章"合理结构的原则"）

(1) 花点时间看看作者是怎样将整个文本划分为不同的部分、章节以及/或者小节的，仔细检查实际的标题。想一下这些标题是否让整个文本被整合在了一起。

(2) 思考一下子标题的标题名是怎样有效地聚焦于其下面文本的主题的。思考子标题之下有多少文本，这些子标题是否有编号和/或标题名，以及是否存在明确的或者隐含的将不同的小节联结起来的尝试。

(3) 检视导言、结论、文献综述、结果、讨论、理论或方法论部分，或是写作的任意其他部分。看看它们是怎样被组织的。看一看作者是怎样做的，一步一步走，想一想为什么这样一种组织方式适合作者的目的。

(4) 仔细审查一个段落的结构，看看隐含的或者明确的策略是怎样确保段落内观点的逻辑流动以及段落间的联系的，仔细看看实际的用语或者用词（参见第 4 章的"撰写文本"部分）。

(5) 看一看图表的布局、图例的位置，以及表、数字、图形、图片等等是怎样被整合进文本进行讨论的。

受众特征

（1）把“示例”从文档中拿出来，这是作者用来帮助你跟上讨论脉络的。示例有多少？它出现在文本的什么地方？它有多微妙或是多明显？

（2）看一看作者是怎样在写作中从一个部分转向另一个部分的。作者提供了多少语境信息（如果有的话）来确保读者跟得上大局？

（3）确认下作者使用了哪些策略使读者能对讨论做出积极回应。你是否能看到在有些点上，作者努力将读者拉到同一边或是消除潜在的批评？

（4）还有没有其他地方能让你对作者和文本读者之间的关系感兴趣？

38 2.2 批判性地处理信息

从原材料中提取实际信息时，你的关注点应该放在它具体说了什么上：你必须知道事实，而一个事实能成为信息是因为它被认为是真实的，不像某些所谓的事实那样在文献中受到争议。为了知识再生产的目标，你可以通过依次提出是什么、在什么时候、在哪里以及是谁等问题来进行信息再现。这是写作中正当而重要的目标，有些时候它会主导整个过程，而在另一些时候则会带来批判性评价，这是所有学术写作和交流的基础。

批判性地评价原始材料

批判性评价包括对很多作者或者文献的讨论/争论进行优劣评估，你要记住，知识的生产就来自全世界学者共同体的观点碰撞。

无论作者是否有意为之，他们确实和我们每个人一样，都有“偏见、假设和信仰”（Wallace and Wray，2006：26），认识到这一点至关重要。所以，你必须在阅读中锻炼你的批判性思维：质疑隐含的假设，思考理论偏差、方法偏差或是其他偏差存在的可能性，评估所呈现数据和证据的可靠性、作者分析的严谨性以及其论证的逻辑等等。简言之，你必须将你处理原始材料时所提问题的范围扩展到为什么研究以及怎样研究，例如，使你的原始材料相互关联，比较和对比不同作者的立场，引出处于争论中的问题等等。如果你对批判性评价仍然不熟练，尝试一下下面的练习（可参见第 8 章的“对文献的批判性评价”部分）。

练习：批判性评价

场景

想象一下，你正被要求阅读关于“温室效应对全球环境的影响”方面的报告、论文和其他研究，你要写一个报告，是关于减少温室气体排放的措施的。你在阅读中发现学者们对于应该引入哪种措施以及为什么要引入这些措施有着很大的分歧。 39

挑战

那么，你要怎样评估这些专家？如果在你以前的高等教育经历中批判并不常见，那么这可能具有挑战性。但是如果你知道当学术观点之间存在差异时，这些不同的观点本身就会为你的批判提供材料，那么这一挑战看起来就会小很多。通常一个作者总是会在讨论中或明或暗地指明另一个作者存在的问题。

批判（提出问题）

在进行批判时，你会用到你对这一主题的知识，包括你所拥有的有价值的一般性知识、专业知识、经验知识以及/或者文化知识。

同时，你会提出以下类型的问题以抓住这一主题论证和争论中的中心问题：

不同的作者提出的措施有哪些？列出你读到的所有措施，可以以看上去是否有用为标准对它们进行分类。作者在多大程度上同意或者不同意应该采用哪些措施：相当多的赞同？数量合理的赞同？几乎没有赞同？列出被普遍赞同的措施，再列出获得合理数量的赞同的措施，最后列出那些看起来被强烈反对的措施（假设这种分化存在）。

在明确作者所述内容的过程中，想一下为什么作者会持这样的立场。问你自己的第一个问题是：这里的问题是什么？作者不同意的观点有哪些？他们为什么会不赞同？仔细确认和思考这些问题，列出观点和理由。作者可能不同意的一个问题是跨越国家边界的成本划分，另一个问题则是是否所有的国家都应该有强制减排目标。

接下来你的提问可能是这样的：

作者就他们偏好的措施给出的理由是怎样的？这里有相互交叉的内容吗？这些措施的利弊有哪些？这些利弊又是对谁而言的？这些作者是从什么地方找到他们的证据的？他们的证据来源可靠吗？他们提倡不同的措施时呈现了哪些证据？他们使用统计数据、科学报告中的案例或是其他什么作为证据？他们的统计数据可靠吗？他们的案例对你而言有意义吗？为什么？他们的讨论是否因为重要信息被遗漏而过
40 于狭窄（或是太宽泛）？也许你可以通过阅读其他作者的作品来确认这一点。你看到的证据背后的假设可能有偏差吗？如果有，这一偏差是来自其讨论的方法框架或是理论框架，还是来自文化偏差（例如东西方分野）？简言之，他们对其所提倡的措施所给出的理由有多少说服力？

在阅读中，随着你对这一主题的理解的改善，你会提出更为深入的问题。

结果

在批判性思考的结尾，你的知识基础会发生改变，因为你已经利用一系列作者来加深和明确了你对这一主题的思考。你处理原始材料的智慧与创造力以及你洞察力的敏锐程度都是影响你对任何主题的立场或者观点的个人判断的因素。你必须判断哪些作者或者他们研究的哪些方面说服了你，以及为什么它可以说服你，哪些不能，以及为什么不能。当你写论文时，你会重新排列你在分析一个主题或问题——任何问题——时所分解的内容并对信息进行新的综合，而在这一综合中，你自己的立场将成为中心。

批判性地评估理论

如果理论在你的写作中很重要，你必须批判性地参与其中。阅读并批判性地评估在分析中应用的理论或是哲学作品是特别具有挑战性的，正如对模型或者方法进行评论一样。有可能你的课程包含了太多的新理论，你会觉得自己还没有完整的知识基础来对其进行批判性的评价。或者你对理论批判很不熟悉，之前从未在学术背景下这样做过。

“理论”一词在学术共同体中通常被用得很宽泛。在这里它的意思是：对抽象知识或思辨思维的阐述；对某物的系统概念（新简明牛津英语词典）。因此，理论是被清晰界定的，是经系统阐释的知识的抽象形式。

理论是一种抽象系统，在其中作者会认为某些方面（核心观念或理论原则）比其他可能性更为重要。理论家从日常事件和行为的混乱而真实的世界中抽象出他们认为对解释世界或是解释世界的某些方面最为重要的点。理论的价值重在解释价值，有时也在于其预测价值。它们可以为你学术研究背景中重要的复杂事件提供不同的感知和理解方式，因而被认为是 41
非常有价值的分析工具。但是，它们也确实有局限性。

在进行批判性评价之前，你必须首先对理论有一个全面的概述。所有已建立的学科都有专业词典或者参考书，其中的许多文献也有电子书形式，能够在智能手机或者像 iPad 这样的平板设备上观看。在你更深入地阅读理论文献之前，这些是很有用的定位策略，能够帮助你获得清晰的概述。

随后你必须批判性地评估一个特定的理论在多大程度上实际解释了其宣称可以解释的东西以及它的优势和不足。其他学者的批判，或者其他流派学者的批判，以及你的老师/导师的批判，是你自己对特定理论进行批判性评价的良好起点。

在阅读中你要注意探讨关于世界本质的假设，这些假设正是你所研究的理论体系的核心观点或原则的基础。思考这些假设是否有偏差（参见图 2-1）。例如，若是人类行为理论背后的假设是强烈地以西方为中心而不能包容其他文化，你就会发现这一假设存在文化偏差。

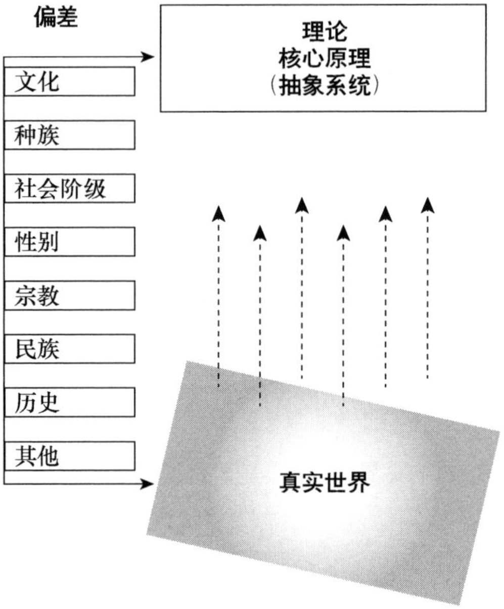

图 2-1　理论如何运行

此外，如果你被要求为你的论文或者其他写作发展理论框架、分析框
42 架或者概念框架，你可能会迷茫，学生们经常如此。图 2-2 根据这些框架在学术写作中的功能对其进行了区分，但是请一定和你的老师/导师确认这些理解是合适的。

分析框架	概念框架	理论框架
解释或证明你所选择的现有理论体系是正确的。或者建立和阐述你从一系列不同的理论中建构起来的框架。	详细阐释分析的各个部分以及这些部分之间的逻辑关系。或者提出数据分析模型，这可能涉及理论问题的解决。	勾勒研究使用的一般概念或主题，并阐述它们之间的逻辑关系。这也可能涉及对理论的处理。

图 2-2　不同框架类型

批判性探索与现有知识状况

在进行你的批判性判断时，认识主题的现有知识状况也是非常重要的，如在多大程度上这一知识以证据为基础，或者在另一个极端，由于学者的证据不足，该知识是否必然是推测性的。

图 2－3 是一个词汇辅助工具，它既能够确认一个主题的现存知识状况，也可以为你的讨论找到语言来反映这一状况。花点时间研究一下它。

43

指南	数量	频率	可能性 副词/形容词	动词
100%	所有/每一个/每个	总是	一定	将会
	大多数		肯定	是
			毫无疑问	必须
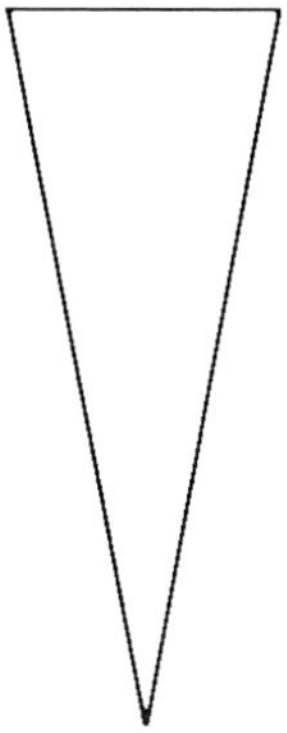		通常	可能	应该
	大量	平常	大概	应当
	许多	一般		
	很多	常规		
	足够	经常	也许	可能
	有些	时常	能够	也许
	一些	有时	或许	能
	若干	偶尔		可以
	少数			
			不可能	
	些许	罕见		不会
	几乎没有	很少		不是
		几乎不		不能
		几乎从不		不可以
0%	无/毫无/完全没有	从不		

图 2－3　限定的程度

注：参见 Jordan，1980：60。

使用不同类型的信息

和其他研究生一样，你也可能关心使用不同类型的原始资料——即一手信息和二手信息——的最佳批判路径，尽管在学术界这些类型的含义并不统一。

在这里，一手信息指的是：

> 由你生成的原始数据，例如通过测试、实验或者田野研究获得的资料；由他人生成的现存数据库中的数据集；档案材料（例如期刊、历史人物的日历或者信件，或者原始历史文档）；由政府或者其他组织生成的政策文件；国家的法律或者国际法律，也包括法庭

判决；文学、艺术或者宗教作品；等等。

二手信息被理解为：

> 对上述一手信息的文本进行批判性评论的所有文本，例如期刊出版物、学术书籍或章节、博客文章、书评等等。

可以对第一手和第二手资源采取循环使用的方法：先阅读第一手资源，然后转向二手资源，再转回一手资源，持续地在两种类型间来回，提炼出你的批判性评价。

相信你的直觉

你最重要的资产就是你自己的批判性智慧。在阅读中你会有直觉，有些东西看起来不对，或者论证没能说服你，或者某些取向或者程序有问题，或者也许存在更好的方式，或者数据看起来挺可疑，或者背后的假设看上去并不合乎情理，或者你怀疑所用的理论歪曲了解释，或者所提出的问题
44 看起来并不合适，或者资料中顺带提及的一些东西对你来说非常重要但却还没有被意识到。这些直觉可能很模糊也并不精确：是半成型的想法、并不确定的问题、可疑或者拿不准的回应，或者是对其他可能性的短暂感觉。

这些直觉和本能反应很容易在继续阅读的过程中转瞬即逝。但是，试着留住它们。停下来，问自己为什么会有这样的反应。正是从你的一般生活经验或者工作经验中自然产生的直觉会提示你所报告的内容可能不对，或者，你所拥有的其他学科的知识会推动你做出怀疑式的回应。记下你的直觉，或者记电子笔记或者记在笔记本上。可能需要花点时间以及进一步阅读来搞清楚你为什么会有这样的反应，在合理的论证中让这些直觉走向成熟，正是批判性处理信息的巅峰状态。

关键点

直觉是最佳批判洞察力的来源，是微妙的想法，正是你想要研究和写作的那些观点。

2.3 确保信息以任务为中心

你可能会有大量的数据和原始材料，但是仍然缺乏成功完成写作任务所需的信息。这一问题源于很多原因，其中四个最主要的原因如下：

（1）不确定怎样进行某一类型的写作，或者某一部分的写作，也许不确定一个专业报告要包含什么以及怎样进行结构安排，或是作为与论文的讨论部分完全不同的部分，导言应该包含哪些内容以及每一个部分可以进行怎样的聚焦和发展。不确定如何进行一项专门的写作任务会阻碍对信息需求的预期。这是第 5 章到第 12 章所讨论的问题，我们将在这几章中仔细考察各种类型的写作和汇报。

（2）在对大的数据库进行搜索或进行一般网络搜索时不确定如何找到最佳信息。这种类型的不确定性通常会同时带来信息过载和手边任务信息不足的问题。

（3）不重视对潜在原始资料的学术价值进行评估。如果你过分依赖于 45
你在搜索引擎的前几次点击中找到的资料，那么问题尤为严重，这些资料通常都没有经过同行评议。

（4）没有首先对与手边的写作任务相关的目标进行精确界定就开始搜集信息。

我们马上开始讨论第三点和第四点，其中，我们将从数据生成和文献阅读这两个角度讨论第四点。

评估原始材料的学术价值

关键点

优化你的搜索技术，找一找你所在的机构有哪些信息素养培训项目。

要写一篇高质量的论文，你需要尽可能找到最佳的信息，所以你必须认真思考所有潜在原始资料的学术价值，包括纸质的和电子的资料。这里存在一个明显的危险，即依赖一般的互联网搜索来寻找原始资料。

评估网络资料

互联网上有大量的信息，它们可以被快速访问，但是它们大多未经学术印刷资料那样的传统审查程序的把关。当然有信息丰富而富有价值的网络资源，它们提供坚实而可靠的出版物（例如政府、行业或组织网站，或者有声望的电子期刊）。但是也有很多的垃圾，它们读起来很有趣，但对你的学术研究毫无价值。

关键点

确保你的在线资料和你的纸质资料有着相同的学术价值。

46 你要小心翼翼地对待在线资料，就像你对待传统的纸质资料一样，并保持良好的怀疑态度。以下是你应该记住的问题和要点：

（1）网站或者资源的目的是否明确？你能确定网站形成背后的特定议程（政治的、意识形态的、宗教的等等）吗？如果可以，那么其呈现的信息可能是有偏的而不是平衡的，因而并不适用于学术研究。

（2）网站或者资源的作者是谁？是具有一定可信度和权威性的个体、组织或是机构吗？如果是的话，如何证明？网站允许一稿多投吗？怎样才能成为作者？其是否有学术凭证？

（3）网站或者资源包含什么？它有多全面？信息足够多吗？信息是否过多了？你用来对其他来源的资料进行补充的这些信息是怎样搜集到的？

（4）网站或者资源是怎样更新的？它是什么时候被创建的？它上一次更新是什么时候？它多久更新一次？

（5）网站或者资源在未来一周、一个月、一年或者更久仍然——至少以某种形式——是可追溯的吗？

（6）网站或者资源能够提供的特殊优势是什么？其内容与你所访问的其他网站或是相关的纸质资料相比如何？你有多大把握认定其内容是学术

的、精确的、可靠的？是否可以从更稳定和更可靠的来源获得同等质量或者更好的信息？

（7）网站或者资源的内容是否易于访问？其访问路径是否清晰？这一点很重要，因为你的评价者可能希望追踪你使用过的资源材料。

就像你需要高质量的学术原始资料来确保最佳信息一样，你也需要正确的信息类型来成功完成写作任务。

避免匆忙地进入数据搜集阶段

数据搜集、整理、分析以及写作的难点在不同学科之间是非常复杂的，这超出了本书的讨论范围。你搜集数据时记录的细节以及为什么要记录它们当然取决于你的研究和学科的性质（例如，问卷设计、访谈、对象选择、转录、参与观察等等的具体细节；所使用的器材或材料；实验或者测试程序；仪器校准；测量；季节/天气/日期/时间信息；或者其他信息）。但是要注意，如果你匆忙地进入任何类型的数据搜集阶段，相关的问题就会出现。

关键点 47

准确地弄清楚你应该记录哪些细节（以及为什么），并且严格遵守你的记录方法。

例如，很多不同学科的研究者会使用调查和/或访谈作为主要的资料搜集方法。但是，正如普里斯指出的，“很多学生都会犯一个错误，即在研究问题……以及所涉概念得到合理界定之前，就匆忙进行准备不足的、并不成熟的调查”（Preece，1994：97）。普里斯进一步指出，“调查一定要经过仔细思考，需要来自有经验的专家的意见，需要你与他们进行讨论，需要足够的准备……研究过程中调查的作用必须得到明确的界定”（Preece，1994：97）。语言陷阱困扰着调查和访谈的设计，尤其在跨文化领域。如果选择访谈作为资料收集方法的话还要关注其他问题，比如“对所讨论的问题有清晰的认识”，类型的适当性，接触线人，筹集资助，及时进行转录和数据分析，以及很多其他问题（Denscombe，1998：121）。

无论发生什么情况，都必须在数据搜集工具的设计过程中仔细区分信息需求。在决定记录哪些细节时，回到你的研究目标，回到你的研究正在处理的问题，在你做最终决定之前再和你的导师聊聊，和你的实验小组或者研究小组的成员聊聊。不充分或者不准确的记录在之后可能要花大量的时间来修正，也会给写作带来巨大的压力，请写研究日记，写在笔记本上或者在线网站上都可以。已经发生的事情是很容易忘却的，有时候在开始撰写自己的论文之前你很难知道自己需要什么。

将你选择的数据记录方法和其他学者选择的方法进行比较也是相当有益的。可能存在更好的信息组织方式，一开始就意识到这一点非常有用。例如，假如你想保存实验室记录的副本，可以考虑通过在线笔记、维基百科或者共享文件夹等形式电子化地记录数据。

识别信息需求

和数据搜集一样，你的阅读目的是确保你记下的信息对于你手头特定
48 的写作任务而言是最合适的。不清楚地区分完成一项具体的写作任务所需的信息就进行阅读太轻率了，你的任务需要清晰界定的研究目的/目标，或是具体的主题，或是项目目标。

认真想一想为什么你会阅读一份资料，想一想你想要从阅读中获得什么，不需要很具体但是你要知道信息的类型。回顾你的信息需求，你是否想要对文献有一个宽泛的理解，因为你试图就一项庞大的研究计划了解相关文献的现状；或者你想要搜寻更为集中的信息以满足你的课程中一项具体的写作或汇报任务的既定研究目标，比如一篇论文或者一个报告。在第二种情况中，你花在通过头脑风暴思考你的主题或者项目［参见第5章的“主题（或问题）”部分］上的时间越多，你搜集到的信息就越可能带来扎实的作品。

确保信息以任务为中心在以下学习语境中也同样重要。

学生实验室、临床与实践

学生实验室、临床与实践（不同于课程学习）的共同要素是学习是在实践训练语境中进行的，而这些语境同样适用于你未来的工作。这样的学习通常在结构化的环境中，在示范者、督导或老师的指导下进行，这会给你的听力、记笔记和提问技能带来大量的压力。

关键点

明确评估的目标和程序至关重要。如果督导在实践刚开始的时候就告诉了你这些，详细地把它们记下来。

在实践开始之前，弄清楚你需要发展的专业知识、技能和能力是什么，弄清楚你在评估中会有怎样的交流任务。比如说以下几个问题：

（1）你会有口头测试和/或者演示测试和/或者书面测试（例如一份实验报告、一篇论文或者一次考试）吗？

（2）你是否需要被测试以表明你有能力精确地描述某一仪器或者设备，或是其使用程序，包括比如说怎样调整某一设备的压力？

（3）你是否需要被测试以表明你具备了使用某些材料或者设备的必要的安全程序知识？

（4）你是否被期待可以详细说明在某种刺激下所发生的反应的性质， 49
或者总结出这些反应的基本原理（并不是同一件事）？

（5）你是否需要被测试以表明你的交流技能有很好的有效性，比如说与病人的交流，包括你对跨文化交流需求的理解？

2.4 管理你的阅读量

你也必须调整你的阅读策略以提高效率，因为在课程和研究中大量的时间都被浪费在无产出阅读中了。

精读和略读

有时候你会需要精读，阅读文本的每一个单词，从头读到尾。其最可能出现在以下情境中：

（1）一门课程有一整套教科书，也许一整个学期你都需要慢慢阅读它。

（2）你正试图在某些研究领域或者新的学科积聚基础而深入的知识。

（3）你正进行档案研究或者你必须详细阅读第一手的文本（例如文学文本、法律或历史文献）。

（4）你必须阅读有难度的、难懂的文本（例如法律、科学或哲学文本，或者高度理论化的文本），这些文本或者其中的某些文本甚至需要不断重读以加强理解。

对资料的快速浏览并不一定能够使你确认它是否适合于你的写作任务的信息需求。这时候你就需要进行略读。略读在下列情况下非常合适：

（1）你正广泛搜寻文献，想知道学界大体上现在已经做了哪些研究，也许你还想找一个合适的研究主题。

（2）你正尝试着仅仅从文本中提取核心观点或是一般信息。在这种情况下，你会想要绕过通常被嵌入学术分析和论证中的大量细节，关键词略读对在线文本非常有用。

（3）你设置了自己的调查主题，已经想过需要哪种类型的信息来满足这一主题的研究目的/目标。

（4）你被布置了一项作业或是项目，其研究目的/目标和研究范围已被明确列出。

如果你是个课程型研究生的话，最后两点与你尤其相关。

50 无产出阅读会导致任务的信息搜集不充分，你收集的信息与你的任务可能只是略微相关甚至根本不相关。尽管不去逐词阅读在一开始看来可能有些奇怪，但是略读可以减少无产出阅读，因而留给你时间去搜寻更为有用的原始材料。

关键点

完成课程中的写作任务和汇报任务是有时间限制的，这意味着不把时间浪费在无产出阅读上是非常重要的。

首先，在略读之前思考以下问题：

(1) 在建立自己的主题或者项目时，我是否已经清晰界定了自己的目的/目标和范围，于是我可以开始信息搜集或是改进搜集方法？

(2) 在处理老师设定的问题时，我是否已经对话题进行了头脑风暴以确保自己完全可以处理这一话题的核心问题或是所有的问题［参见第 5 章的“主题（或问题）”部分］？

(3) 我是否清楚自己在写作不同部分时所需信息的类型和范围？例如，在报告的讨论部分，你会需要将你的发现与其他学者的发现联系在一起，因此在写作的时候你手边需要有这些信息。

(4) 我收集的信息能否回答我论文的研究问题或是达成我的研究目标、满足我的写作期待？在阅读过程中确认你的目标是相关信息，包括批判性的信息。

略读的一个主要目标是确定作者到底正在讨论什么，或是在文本的不同地方在说什么。这将帮助你决定是否要精读整个文本，还是仅仅阅读其中的一部分——因为只有这些部分满足了你现在的信息需求。

基于学术文本的组织形式，略读可以奏效（参见第 4 章的“有效撰写段落”部分）。简单来说，在学术写作中，学术段落是围绕主要观点来组织的，而主要观点通常就是段落的第一句话或是最后一句话，因此，我们很容易就能确定这一段讨论的主题是什么。

2.5 信息存储策略

你也想要有效地检索信息，以便在写作时减少对时间的浪费。为了实现这个目标，你可以选择使用本地计算机的文件夹或是索引卡，但是如果条件允许的话，你应该使用在线研究或者笔记管理工具，例如 Evernote.com、Mendeley.com 或者 Zotero.org。这些工具使用方便，可以利用标签（关键词）以及高级搜索功能来定制或者改进搜索效率，有些工具甚至可以对手写笔记的照片进行检索。Evernote、Mendeley 和 Zotero 都能够在你使用的不同笔记本电脑和移动设备间同步你的笔记，因此即使不在线，你也总是可以访问最新的数据。它们也允许你对数据进行本地备份，在某些情况下，它们也可以对 PDF 文件进行注释。 51

以下这些进一步的策略你可以与在线研究管理工具一起使用，也可以单独使用：

(1) 当你对论文章节的划分（例如理论或者方法章节）有了初步想法时，给每一个章节设立单独的文件夹或者准备单独的笔记本。很多学生发现在研究的早期设立这些非常有用。当这些文件夹或者笔记本准备就绪，你就可以往里面添加原始资料，还有观点、想法、笔记和直觉等任何相关的东西——只要它们一出现你就可以补充进去（在你的床边准备好纸和笔以便记下妙不可言的凌晨三点的顿悟）。如果你的章节结构在那之后改变了，你可以对资料进行重组，将资料放到新的位置，并丢弃那些你不再需要的资料。

(2) 以对你有意义的方式分类信息和笔记。例如，你可能有一个文件夹或者笔记本，里面有你所有的阅读资料和注释，每一个都写了标签或者关键词。其他笔记则可能被分类为比如说关键概念、主题、问题、理论或方法，或者也可能是学科类别。

(3) 在 Evernote.com 上保存一切资料。作为通用型电子笔记系统，Evernote 允许你在你的收藏夹中保存各种文件格式，包括图片文件、语音备忘录、电子邮件或者推特笔记。它可以剪辑网页，在电子设备间同步你的笔记，在图片笔记中搜索笔迹，从其他参考文献管理软件输入或者同步，以及创建手动备份。你也可以对其存储功能进行升级。

(4) 用 Mendeley.com 保存研究论文。Mendeley 的主页将其服务描述为“研究论文的 iTunes”。有了 Mendeley，你可以自动从 PDF 文件中抽取引文，在不同的电子设备间同步你的工作，从其他参考文献管理软件输入或者同步，创建 PDF 便条和注释，创建手动备份。你也可以对其存储功能进行升级。

（5）使用 Zotero.com 创建一个图书馆。这是一个简单的火狐浏览器扩展插件，它可以为你创建一个图书馆来存储、管理和共享你的材料。Zotero 允许你进行网页存档，安装 Word 和 OpenOffice 插件，在材料边上记笔记，在电子设备间进行同步，以及创建手动备份。你也可以对其存储功能进行升级。

2.6 管理常见写作问题

我们现在讨论学生在撰写文本时的一些常见问题。

监控你的方法 52

其中的一个问题是写作花费的时间和精力，这通常与你写作的方法联系在一起。

> 有人提出，存在两种不同类型的学术作者："连续主义者"……视写作为连续的过程，词句都是写完后才进行改正，在写作之前，就已经对写作制订了详细的计划。"整体主义者"……边写作边思考，形成了一系列完整的草稿。（Lowenthal and Wason，引自 Phillips and Pugh，1994：65）

你可能会根据所写的文本或部分文本的难度在这些方法间转换。另一种著名的方法是层次写作法，作者从一个结构合理但是很基础的初稿开始，之后随着研究的继续和对主题理解的逐步加强而对其进行不断的扩展，也可以说是填充。

所有这一切当中的重要问题是你的方法的效率，是你写作文本花费的时间和精力。连续主义者可能会认为他们的方法很有效，尽管少数人遭受着过度完美主义的折磨，一遍又一遍地修改每一个细节，因而进展非常缓慢。整体主义者（有时也被称为“倾其所有者”）常常先入为主地认为他们的方法确实低效。作为整体主义者，你可能更愿意直接走向电脑开始写作，很少考虑结构，很少考虑你想要聚焦的研究的观点，并产生关于你的主题的想法。这种粗线条的写作对于整体主义者而言非常有用，其本身并不一定就是有问题的。

正如本章所讨论的那样，进行扎实的准备工作，而不是改变你的方法，可能是减少写作时间的关键。如果你的方法适合你，坚持下去，因为并不存在一个“正确的”方法。如果你并不确定你的方法的效率，或者感到写作很折磨人，试试下面这个自我监控练习，可能会出现有趣的模式和见解。

练习：写作时的自我监控

第一步

在下一次写作时，监控折磨你的各种状况（例如，就研究主题形
53 成观点；不确定正在进行的写作类型的过程是怎样的；组织你的段落或是将你讨论的各个部分联系起来；在论证中组织证据并确保你的观点的逻辑发展；写完理论部分或章节）。对这些实例做简单的笔记。记下来实际发生了什么，你觉得为什么会发生这一情况（如果你可以的话），你用了多久才克服困难：大约一个小时、几天或者更久？同时监控从写下第一个词到完成初稿总共花了你多少天/周，也记下来你一共写了多少版初稿。

第二步

约见你的老师、导师或者语言、学习或写作指导老师来讨论你的笔记，并获得关于如何改进现有状况的建议。

面对“写作障碍”

很多学生将他们的问题说成是“写作障碍”。这是一个模糊的概念，

通常的解释是“我就是不能写”。但是，一定要打起精神来。写作障碍通常源于非常明确的因素，它们经常相互关联。“写作障碍”一般表现为以下形式：

（1）对具体的任务要求不明确，比如说不确定怎样进行某种类型的写作或是部分写作，或者手头没有完成任务所需要的信息类型（参见本章前面“确保信息以任务为中心”部分）。

（2）对学术写作实践的期待不明确，对如何掌控具体情境比如说避免抄袭也不明确（参见第 3 章的“引用和抄袭”部分）。

（3）对组织和撰写文本的策略缺乏足够的掌控（参见第 4 章“合理结构的原则”）。

（4）缺乏对主题的理解，也许迫于时间压力你不再尝试对自己的材料进行全面的理解，在这种情况下，回到你的时间管理策略（参见第 1 章的“有效的自我管理”部分）。

文字处理也可能造成写作障碍。文字处理给写作带来了很多好处，例如可以在文档内部和文档之间移动材料，但是这么做可能会导致写作的不连贯。把因材料移动而被修改的文本打印出来，阅读打印稿比浏览上下移动的屏幕能够让我们更容易看到讨论过程的中断以及其他实质性的问题。

然而，根深蒂固的心理学问题（例如对写作的恐惧或是对过分完美主义的痴迷）可能引发严重的障碍，这可能需要你所在机构的专业顾问来解决了。

确保你留了足够的时间来完成写作任务。有时候不得不匆忙写作以赶 *54*
在截止日期前完成的压力本身变成了障碍，对此，你可以采用以下策略：

（1）早早写作，常常写作。如果没有一路写来积累了写作经验就开始写作学位论文或者长报告初稿，这并不是一个好主意。

（2）如果你挣扎着无法开始，从看上去最简单的地方进入写作。通常某些部分比其他部分更容易写。不要在一开始就让你自己关注焦点和结构的问题——先把想法写下来。

（3）尽量不要在你感到有障碍的时候结束写作，这会使得回归写作更加困难。知道自己写作的方向有助于你对写作的回归。

处理批评反馈

另一个重要的问题是来自老师/导师的批评反馈。批评是很有价值的反馈机制，但是可以理解的是学生对他们的初稿和汇报受到的批评很敏感。有些人认为批评过于严厉，他们变得很沮丧，信心大跌，感到很脆弱。如果这发生了，你一定要记住，是你的作品被批评了（或者它应该被批评），而不是你。

可以思考用以下策略进行应对：

（1）如果你非常沮丧，立刻向你所在机构的咨询中心寻求支持。

（2）将你的初稿扔在一边几天，直到你可以更加冷静地对待批评。

（3）认真思考批评对你的研究的关注点和研究目标以及你的论证、结构等等有哪些帮助。

（4）如果你觉得有必要的话，与你的老师/导师进一步讨论那些批评意见。

（5）使用你的在线社交网络寻求支持。

（6）在重写初稿时，寻求学术技能、学习或写作指导老师的帮助。

但是有时候，并不是批评本身，而是批评的语气令人沮丧。你可能会认为有些评论过于激进或居高临下。如果你觉得可以的话，与你的导师/老师一起讨论。让他们知道，虽然你认为他们的批评反馈很有价值，但是你对他们提出批评的方式非常沮丧；如果他们问“你是什么意思?”，准备好一两个例子来说明。

很多学生也提到对他们写作的批评反馈的不平衡性，老师/导师似乎认为只有负面性的评论才是有用的反馈。他们很可能认为这样的评论是最有用的，他们只是想要你明白如何应用建议来改进你的工作。

55 **关键点**

试着从所有的批评中汲取价值，不管它多么负面，让它对你产生价值，不要太个人化地对待它。

2.7 进一步的资源

Denscombe, M. (2007) *The Good Research Guide: For Small-scale Social Research Projects*. 3rd edn. Buckingham: Open University Press.

这本书简单易读，它对一系列量化数据收集方法的目的、功能、优点以及不足进行了全面的讨论。

Sage Research Methods Online (SRMO).

它是社会和行为科学学生的优秀研究工具，其不仅包括了研究方法的重要数据和参考资料的综合清单，而且包含了 Sage 期刊编辑的重要材料。可参见 http://srmo.sagepub.com。

Wallace, M., and Wray, A. (2006) *Critical Reading and Writing for Postgraduates*. London: Sage Publications.

这本书对不同语境下的评价性阅读、论证发展与写作之间的动态关系进行了系统而深入的分析，同时给出了被仔细建构的建议和任务。

第3章

学术写作要点

目标：

通过应用本章的策略、完成本章的练习、遵循本章的程序步骤，你可以有以下收获：

- 明白你是否需要修改、改写文稿或是发展新的实践来满足当前情境的交流需求。
- 更新对有助于提高写作整体质量的标准学术写作实践的认识。
- 在引用文献和避免抄袭时意识到格式手册的用处。
- 领会读者的复杂角色，在写作时找到适合读者的策略。
- 懂得确保写作清晰性的策略，简洁、恰当地使用语态和语调。

你已经有了一系列关于写作的一般观念，在之前的本科学习和/或工作经验中也建立了特定的文本知识、技能和策略，这些都非常有价值，但是本章将提供一个反思你现有实践的机会。

3.1 学术写作的机制

良好的实践包括在写作实践、格式、拼写和标点符号等方面密切关注学术标准的一致性和精确性。

本章接下来的讨论将关注某些标准化实践，你可能会希望自己能够重新认识它们。 57

保证实践的一致性

所有的学术写作都需要一致性。一致性可以指几乎所有事物，如你写日期、数字、百分比、外国文字（非英语），参考其他学者以及建立参考书目，使用连词与大小写，排版等等的方式。请决定你要怎样进行写作，并且在整个文本的写作中贯彻这些原则——如果需要的话，请把这些原则记下来。请找出你想用于特定目的的字体（斜体、加粗、下划线、普通）、字号（9 号、10 号、12 号、14 号等等）及其组合，并严格遵守你定下来的标准。如果你不使用电子参考文献或格式管理器，在之后修改格式和排版时可能会相当花时间。即使使用软件你也可能需要手动修改一些不一致的地方，例如，如果整篇论文混用斜体、加粗和下划线来表示强调，需要修改以保持统一。

关键点

在开始写作你的第一份完整草稿前，定下来你要使用的格式和排版方式。

确保一致性的最佳方法是遵循学科的格式手册，或者看一下作者在相关的参考期刊中的实践，然后遵循它们。但是某些实践可能在论文与论文之间或者期刊与期刊之间有所不同，你应该在已出版的文本中找到内部一致性。接下来的小节会继续讨论一致性的问题。

拼写、语法和校对

关键点

智能手机和平板设备上有很多优秀的语法和拼写应用程序。

现在很多研究生完全依赖拼写和语法检查工具。计算机拼写检查能够帮助你实现标准化拼写，它也可以找到很多错误，但是它不能找到所有错
58 误，包括单词错用（比如说你想写“and”却写成了“an”，或者你想写“from”但是写成了“form”）。语法检查工具也可以达成其目的，但是它们更重视直观的表达而不是逻辑，因此它们给出的建议有时是可疑的甚至是错误的。如果你不能确定建议的有效性，那么使用语法检查工具会增加而不是减少用第二语言写作的错误。它们也不会帮助你识别更为实质性的文本问题，比如在电脑上移动材料带来的连贯性问题、参考文献缺失或者错误，或是不合逻辑的论证等等。在很多时候，最好同时关闭计算机的拼写和语法检查功能。

你应该校对你的作品，最好是用纸质稿校对，因为用这种方式更容易发现错误/文本问题。更好的方法是，和你的同学相互交换进行校对——如果可能的话——因为校对其他人的作品比校对自己的花费的力气更少。

关键点

专业指的是，在提交你的文本前仔细进行校对。

标点符号

关键点

标点符号是文本意义的一部分。

你必须知道怎样正确使用标点符号，无论你倾向于少用标点还是多用标点。在学科实践中，句子结构的复杂性以及个人偏好都会影响到标点符号的使用。如果你对标点符号的使用有疑问，可以参考网上提供的众多优秀的标点符号指南，其中最好的指南在图书馆和大学网站上。或者，你可能想要在智能手机或者平板设备上下载一个标点符号和/或语法应用程序，或是订阅一个正规的语言播客，比如说“语法女孩”（Grammar Girl）。

3.2 引用和抄袭

在写作你的文本时，如果需要引用原始资料，你也必须遵守严格的学术规范。

选择一种参考文献格式 59

参考文献的实践从属于学科文化，因此存在很多不同的格式手册。其中比较有名的是温哥华格式（Vancouver style），其遵循国际医学期刊编辑委员会、《美国心理学会出版手册》（APA）（在社会科学和某些科学领域很流行）、《MLA 科研论文写作规范》（MLA）（在艺术和人文学科中很流行）、《芝加哥格式手册》（在不同的研究领域使用）以及《澳大利亚法律引用指南》（法学）建立的规则。

格式手册提供了在文本中怎样注释或者引用的信息，也提供了如何撰写“参考书目”的信息，通常写作文本时参阅的所有资料都应被包含在内。“参考文献”或者“被引文献清单”一般只包含那些在你的文本中实际参考的资料。这些手册也会说明在你的文本中引用资料和将资料放进参考书目的格式差异。手册也会说明怎样引用不同的项目，例如论文、多个作者撰写的图书、电视纪录片、剧本、博客条目、没有作者的文档、播客、多卷本参考书、脸书评论、各种各样的网站以及其他许多类型的资料。不管你引用了什么，你都必须呈现足够多的具体信息，让读者能够很容易就找到这些资料——如果他们愿意的话。

在线参考文献管理器

如果你使用电子或者在线参考文献管理器（例如 Mendeley 或者 Zotero），那么选择一种参考文献格式就是简单点一下按钮，标准化就会自动完成，格式也可以任意转换以适应课程/学科或者出版的需求。但是要记住，自动格式生成器从一开始就不应该替代校对，或是替代对参考文献和引用实践的正确理解。

线下策略

如果你不使用这些软件，思考以下这些策略：

（1）请你的老师/导师为你推荐一本受到认可的格式手册。很多手册可以在网上找到，但是纸质版本在图书馆的参考文献部也能够找到，甚至智能手机和平板设备上也有格式应用程序。

（2）遵循你所在领域在高质量的专家评审杂志上发表论文的作者所使用的期刊格式。

（3）在 iTunes U 上听关于参考文献的播客或者看关于参考文献的报告。

你所采用的参考文献格式必须严格一致。这种一致性小到标点符号的类型和使用，大小写的使用，标题或者独立出版的作品是加下划线还是用
60 斜体，在其他出版物（例如期刊论文或多作者图书的章节）中发表的内容是否要加引号等等。

在撰写参考书目时，一些基本的考虑如下：

（1）以作者名字的音序来排列条目。

（2）没有作者的文献以文档标题的音序排列。

（3）确保你的参考书目格式在每个方面都严格一致。

避免抄袭

大学对待抄袭问题非常严肃，老师/导师很擅长发现抄袭的作品。因此，你应该花点时间让自己熟悉你所在机构关于抄袭和研究诚信的各项政策、准则以及规范，认真阅读所有部门关于这一问题的宣传文件，因为无知不是抄袭的借口。

关键点

诚实在学习和研究中至关重要。

故意抄袭被视为彻头彻尾的欺骗（例如，从网上下载或者复制粘贴未说明来源的资料——有时候是整篇论文，或者抄袭其他学生的作品），对抄袭的处罚是非常严厉的，甚至包括被机构开除。

但是抄袭的原因可能很复杂。我们将依次讨论以下例子：

（1）在学术写作中对原始资料使用的传统实践理解不足。

（2）对不同的任务该使用哪些原始资料理解不足。

（3）无法区分什么时候你在引用原始资料，什么时候你在给出自己的评论。

（4）糟糕的时间管理。

练习对原始资料的使用

在写作时，你必须感谢你所引用的作者的辛苦工作（包括脑力劳动）。不同学科的实践并不相同，因此遵循一个合适的格式手册非常重要。不过，一般来说，你在以下情境中会需要引用资料，包括网络资料：

关键点

如果英语是你的第二语言，一定要小心谨慎。直接引用太容易将第二语言的错误引入其中，而纠正错误的引用是非常耗时间的。

（1）**当你直接引用另一个作者的话**

这是说你将作者的语句完全复制到自己的文本中，一定要确保你的引用与原文完全一样。直接引用的表达是在所引语句上使用双引号（“……”）或者单引号（‘……’），或者从边距缩进大约 5 个空格表达长引用（通常超过 4 行）。

你如果要在直接引用中加入什么或者改变什么，通常可以在要加入或者改变的文字两边使用方括号（[……]）进行表示。如果原始引文中有某些不寻常的问题（例如一个拼写错误），在拼写错误或者其他看上去不正确的单词或表达之后加入［原文如此（*sic*）］——它的意思是“原文就是这样”。“原文如此”表达的是“在原始文件中它就是这样的”。

（2）**当你转述另一个作者的论述**

这是说你用自己的语言来表达其他作者的论述。你要确保你使用的是自己的语言。转述对于某些学生而言很具有挑战性。你如果对此不确定，可以搜索普渡大学在线写作实验室，它有一个主题为“引用、转述与总结”的很好的讨论。

（3）**当你总结、参考或者使用其他作者的观点、理论、方法、模型、程序、论点、结果、见解、解释、信息或者数据**

这些都需要其他作者的智力付出，有时还需要体力付出，你必须进行感谢。

（4）**当你使用其他作者的独特语言或用语，包括那些由作者创造的用来表示一个概念或有特定含义的用语。**

在记阅读笔记时，设计一个能清晰地区分以下内容的系统（如果你觉得合适的话，可以使用颜色进行编码）：

（1）对其他资料的直接引用，即你完全复制一个作者的完整用语（需注明页码）。

（2）用你自己的语言对其他来源资料所进行的转述。如果你是整体性地参考一份资料，那就不需要页码，但是如果你在讨论中引用了资料某一部分的特定信息，那么页码还是需要的。

（3）你想记录的自己的意见、观点或者评论。

62 基于任务使用原始资料

现在以个案研究案例的形式对上述第二点进行讨论。

个案研究案例

栏目 3.1　对任务的特定目标的误解可能会引发抄袭

英语是第二语言的三个研究生被建议寻求帮助，因为他们在转述原始资料时并没有使用“自己”的语言：实际上，他们抄袭了。在单独的咨询中和他们每个人讨论这个问题时，很快就可以搞清楚他们真正的困难在别处。他们的写作任务是要对一篇已发表的论文进行批判性评价。而学生并没有理解，他们的老师要他们做的不是报告，或者简单重复作者说了什么，而是评价这篇论文的优点和不足。在重新理解了任务内容之后，学生们被鼓励去集中阐述他们开展批判性评估想要表达的核心观点，并思考他们为什么会用这样的立场，他们怎样发展自己的核心观点，以及怎样使用文中的材料来支撑这些观点（通过总结性评论的方式，通过直接引用关键词或者关键用语，以及仅仅通过页码引用的方式）。三个学生都可以表达他们的批判性观点，因而很清楚的是，他们已经对论文有了深入思考。他们抄袭的真正原因是对写作任务目标的误解。

区分原始资料和评论

如果你不能说清楚所述观点是属于其他人还是来自你自己的评论，那么抄袭就有可能发生。阅读下面的文本，在原始文本中，文本的措辞没有办法表达清楚哪些观点属于 X（原始资料），哪些属于作者：

原始文本：

X 对真理的批判［参考文献］基于他对话语过程的分析。真理和权力的关系是真理与话语实践的关系。真理并非稳定而独立的实体。

修订文本：

X 对真理的批判［参考文献］基于他对话语过程的分析。真理和权力的关系，**［在他看来］**，是真理与话语实践的关系。**［这表明］**，真理并非稳定而独立的实体。

很显然，修订文本中插入的黑体部分表明，头两句话的观点属于资料（X），是作者进行的引用，而作者在第三句中插入了她的评论。 *63*

在一系列段落的末尾处放上参考文献也不是合理的做法。如果段落中所有的观点都来自同一份资料，你也没有插入任何自己的评论，那么简单在开头写上一个引领句来表明这种情况就可以了。以下是假设的案例：

(1) 以下讨论来自 X（2009）所进行的经验研究。

(2) 正如我们现在所讨论的，对这一类型干预的进一步的支持可以参见 X（2006）的观点。

(3) 军事对政治进程的干预在 X、Y 和 Z（2000）进行的一项大规模研究中得到了证实。

作为段落的引领句，这种类型的句子会引发读者的预期：段落中所有接下来的内容都是从那个来源中获得的。

糟糕的时间管理

很多学生在提交研究生学习作业时都面临时间压力。在这种情况下，为了能在截止日期前上交，学生很容易就会剪切粘贴别人的部分工作成果而不进行任何致谢。如果是这种情况，更好的选择是要求延期甚至是迟交，而不是冒险进行抄袭。第 1 章的“有效的自我管理”部分的讨论无疑将有助于你改善时间管理。

3.3 关注读者的需求

当在写作中沉浸于复杂的思绪时，你会很容易忘记，你总是在为某人而写作。在每一次写作中，理解和考虑你的读者的需求都是至关重要的。不管你的观点和洞见多么重要，如果你的读者不能理解你正在做的事情以及你为什么要这样做，或者不能跟上你前进的方向，那么所有这一切都没有意义。

你的读者是谁取决于你所进行的交流任务的类型，这就是为什么这一主题会在本书中的不同语境下被讨论。但是，在很多时候你的读者会是你的老师/导师，他们同时可能是你的主考老师，而对于某些论文来说可能是你的外审老师。这里将对这一群体进行讨论，从读者的角度出发，首先要强调的是学科实践的重要性。

64 **关键点**

总是充分考虑读者的需求，确保和他们进行有效的交流。

作为学科从业人员的读者

学者们把你的文本拿过来阅读，期待其论证恰当，也就是说，他们“评判”其为恰当的（Fairclough，1992）。读者对比如说一篇工程报告，一篇讨论持久争论的工程论文，或者一篇工程研究计划书的格式和结构的期待是不同的。专业读者也会期待对主题问题进行恰当的处理，在跨学科实践时认识到这一点非常重要。例如，人类学家、社会学家、政治学家或者艺术史学家在对待“认同”这个同一主题时会研究完全不同的问题。

另一个例子是，如果你的写作任务是“简报”，意在研究比如说一个特殊的农民群体，那么你的老师会期待你充分考虑受众——也就是农民群体——的性质、构成和利益。在阅读你的论文时，你的老师会评估你在多大程度上有效研究了你的特殊受众。

在提出这些有关恰当性的意见时，我们并不是暗示学术性的读者就不允许或是不欢迎写作的创造性。在类型写作实践和学科写作实践的框架下，你还有很大的创造性空间——专家都是这样做的。但是，正如米哈伊尔·巴赫金观察到的，“你必须充分掌握体裁，才能创造性地使用它”（Bakhtin，1986：80）。

作为学科专家的读者

你的老师/导师是学科专家。但是，写作时将自己固定为正为相关专家写作并不是一个好主意。这么做可能会导致文本解释不足、观点论证不够以及定义和其他方面的问题，因为你会假设你的老师/导师作为专家明白你写的是什么。他们可能明白，但是他们想要知道你知道什么。

关键点

批判性地评价你的文本的读者是这一主题研究方面的权威，但是你是可以帮助文本获得积极评价的交流的权威。

因此，更重要的不是去关心你的读者知道什么，而是将你的努力放到证明你对文本中所研究的所有资料都有着充分的批判性理解上，去证明你知道自己在说些什么。这样，你更可能避免来自作为读者的你的老师/导师以及那些学科专家的批评。

发出信号：表明你的意图

不管是不是学科的专家，你的读者都会期待你认识到在你的决策中（例如，你赋予术语、用语等意义，你选择关注点，你选择研究取向，你组织和发展讨论，等等）他们显然并不是专家。你必须表明自己的意图，有时这被称为“信号”。

在你研究的旅途中，你是导游，和所有深思熟虑的导游一样，你必须在自己的写作中为自己的（智力）旅行提供连贯的路线，并预测在读者走向下一点前，为了将他们留在语境中，需要在什么地方、提供怎样的以及提供多少语境信息。你需要提供足够的信息，尤其是带着读者走向新的章节时要确保读者跟得上你的节奏，能理解你想要做什么以及为什么你要这样做。在写作的不同阶段发出信号或是表明你的意图，例如你正往哪里去，为什么你会做你正在做的事情，你想要呈现或者证明什么，为什么要离开讨论的主线，等等。

信号的多少因学科偏好或个人实践的不同而有所不同。但是，无论信号使用得多么微妙，它们确实有必要存在。尊重你的读者的智慧，不要用太多的信号来堵塞你的文本。

3.4 清晰：风格的第一法则

清晰当然不仅仅包括风格（例如，下面的一整章所讨论的结构可能也
66 被包含在其中），但是它是风格的第一法则。这是一条在你所有的交流行为中都能很好地为你服务的法则。

1985 年，美国经济学家唐纳德·麦克洛斯基（Donald McCloskey）

写了一篇题为“经济写作”的重要论文。他对经济学家的坏“风格习惯”进行了生动有趣的探究。这是对文体改革以及改革方式的慷慨激昂的檄文。在本质上，麦克洛斯基的论文称赞清晰的通用价值。他是一大帮有着相同主张的作家中的一分子。这帮作家中还包括乔治·奥威尔（George Orwell），他的小说《1984》远比他写于 1946 年的那篇相当有力的论文《政治与英语语言》著名，但是他的文章已经再次受到关注，可以在网络上找到这篇文章。

麦克洛斯基提到的一个话题是抽象的“折磨”，这一毛病使意义模糊而不是更清晰。你可以以一种让读者更容易理解意义的方式处理复杂的理论、观点、抽象概念等等，这应该成为你的目标。

好的作者不会依赖高度夸张的抽象语言来给读者留下印象。好的作者通过他们研究的质量、思考的复杂性、论证的合理性、观点的巧妙、行文的严谨明快以及使用学术语言和运用理论的老练来给读者留下印象，他们更喜欢语言“明确、具体、实在”（Strunk Jr and White，2000：21）。他们关心读者，关心可读性。好的作者到处都有，每个学科中都有，遍及整个学术共同体。你，也可以成为其中之一。

关键点

好的作者和关心自己怎样被理解一样关心自己怎样被误解。

当遇到这些好的作者时，你能很快认出他们。好好看一看他们文本的风格特征（参见第 2 章的“掌握学科写作实践”部分），你会明白为什么你这么喜欢阅读这些文本，哪怕它们的内容很难。

其他风格问题

风格不仅仅起修饰作用，更是文本意义的一部分。对风格的改善可以提高你的交流的整体有效性。

深刻而有力的行文风格有助于提高学术写作交流的严谨性和准确性， 67
因此可以确保你的作品获得更积极的评价，增加读者的乐趣。

这里建议的策略——如果你想要应用它们的话——可能需要很大的词汇量，不过，扩大词汇量对于有效交流非常重要。试试让行文更加生动的语言，增加一些热情。一个好的起点是仔细选择动词，因为英语的动词是活力的非凡的载体。不仅主动动词能使行文生动，更为引人注目的动词和其他措辞也是如此。

停下来思考一下下面这些替换动词的赋能效果，其亦有助于提升简洁性：

(1) 这些概念带来了更多［**增进了**］人们对保护项目的兴趣。
(2) 我们研究了影响［**支配**］系统稳定性的因素。
(3) 路线选择程序已投入运行［**被调用**］以决定哪一个更好。

尽量避免那些降低你写作水平、耗尽你活力的陈词滥调。一个突出的例子是在文本中不断使用令人厌倦的“发挥了作用”（或者相类似的词句）。简单替换措辞，写作就会变得有活力，例如“左右了”“影响了”“形塑了”“有助于”或者其他在语境中合适的用词，下面的三个例子是从一页半的文字中选取出来的，它很好地证明了这一点。

(1) 这一组织在阻止……发挥了领导作用［**很有助益**］。
(2) 这一组织在转移……发挥了非常重要的作用［**非常关键**］。
(3) 这一组织在……发挥了重要作用［**有帮助**］。

在变换语言这个问题上，一定要小心谨慎。为了读者的兴趣改变语言很有助益，但是不能为了变换而变换，那样读者会变得困惑。如下面这个例子：

> 求雅替换是指使用很多词来表达同一个意思，结果到最后所有人甚至作者自己都不知道是怎么回事。一篇关于经济发展的论文在两页纸中使用了以下词：“工业化”“结构分化”“经济和社会发展”“社会和经济发展”“发展”“经济增长”“增长”以及“生产资料革命化”。仔细看看你会发现，在上下文中，这些词都表示同一个意思。(McCloskey，1985：210)

这是来自学生文本的另一个例子，文本中存在相同的问题：

> 因为我不会说普通话，不得不为了研究中国新移民使用**翻译** 68
> (interpreters)。但是，**翻译**（translators）在研究者和被研究者之间建立了屏障。研究者必须依赖**访谈者**（interviewers）在翻译问题和回答时的准确性。

三个被强调的词意思都是“翻译”，但是因为无益的用词变换，读者很难理解这一点。

尊重单词的意思也很重要。诸如“方面”、“特征”、“问题”、“元素”、“因素”、“部分”、“概念”和“观点”等词有时会被混用来表示相同的意义，但是它们有着各自不同的意思。“问题”，意思是“争论的焦点或问题”，这个词在写作中总是被误用。有时实际上文本根本没有在讨论问题，而是在讨论话题或主题、特定事实、想法或概念，却使用了“问题”一词。如果不确定的话，你应该弄清楚这类经常被使用的单词的含义，你可以使用一本好的词典。同义词和反义词词典也是有用的资源。

在写作中也要避免含糊不清。一个典型的例子是旧时媒体最喜欢用的一个词——“戏剧性的”，如“戏剧性的增长”“戏剧性的转折”“戏剧性的衰退或下跌”“戏剧性的转变”。“戏剧性”这样一个词很难达到研究生写作所要求的严谨性。相比模糊不清的“戏剧性增长”，你可以更精确地使用“出口量增长了 89%”，或者“出口量在 1993 年的时候翻了一番”，或者“出口额从人约 150 万美元增长为 230 万美元”。

简洁

简洁有助于清晰。但是不要把简洁和密度搞混。简洁是写作的积极属性，但是密度不是。如果你的文字很密集，读者会发现由于认知跳跃、细节不足、缺乏信号、观点没有得到充分讨论、论证缺失等等，他们很难跟上你的讨论思路。

简洁与冗余相对立，冗余即用太多的单词来表达你想要表达的内容，是一种填充写作的练习，有时候用词太多了以至于要点变得模糊不清。过量用词是过度写作的主要原因，其占用了有价值的空间，这些空间本可以被更好地利用，比如说引入更多的观点来支持你正讨论的立场。

关键点

搜索“浪费线测试”（The Wasteline Test），看看你的写作会有怎样的旅程，这可能非常有启发性。

69

练习：提高简洁性

第一步

在你自己的作品中选择一个冗长的段落，越长越好。你的目标是减少三分之一的字数，但是表达相同的信息量。

第二步

仔细检查每一个句子。让自己冷酷无情一些：删除不必要的单词和重复的材料。用一个词替代很多个词，例如，用“现在”替代“在这个时候”，或者用“每年”替代“按年计算”；划掉形容词/副词（通常都是多余的）；修订句子从而让信息的表达更简洁（参见第 4 章的“操控句子结构”部分）。扔掉那些对你的讨论没有意义的细节，但是不要扔掉那些支撑你所讨论的观点的重要细节。遗憾的是，学生的第一选择总是扔掉后者来减少篇幅。这里有一个在句子的层次上进行删减的例子，它说明了即使是句子也可以很冗长。

原始文本

一开始，他们检验了劳动人口的增长和总人口的增长对经济增长的影响，发现前者的增加会促进经济增长，但是后者的增加会抑制经济增长。(42 个英文单词)

删减后的文本（两个选择）

a）他们最初的检验表明经济增长因劳动人口的增长而得到促进，因总人口的增长而受到抑制。(23 个英文单词)

b）他们发现劳动人口的增长促进经济增长，但总人口的增长却不会。（19 个英文单词）

这是另一个例子：

原始文本

罗斯河病毒（RRV）是流行性发热性多关节炎的病原体，这一疾病在 1928 年首次被描述［参考文献］。流行性发热性多关节炎在 X［国家名］有着很广的地理分布，经常在 X 的东部出现流行性爆发，在 X 的其他地区则零星出现［参考文献］。（45 个英文单词）

删减后的文本 70

罗斯河病毒（RRV）是流行性发热性多关节炎的病原体，首次被描述于 1928 年［参考文献］。这一疾病在 X 的东部流行性出现，但是在 X 的其他地区只是零星爆发。（30 个英语单词）

也许作者想要强调“很广的地理分布”，在这种情况下修改后的版本是不可接受的，因为它仅仅是暗示了这一点。因此在做这项练习的时候你必须思考另一个问题：你想要阐述怎样的观点（参见第 4 章的“有效撰写段落”部分）。

表达和语调

写作中的表达受到个人风格的影响，包括你的文本或者汇报的语调和措辞选择，还有你处理学术和学科写作实践的方式。有关表达的两个问题经常被学生提起，这些问题有时候让他们非常迷惑，具体如下：

客观模式还是主观模式

有些学科喜欢单独使用第一人称“我”，使用这一用法是基于这样的原则：作者对他们所写的观点和研究负全部责任。另一些学科完全拒绝这一用法，因为这会使受众将注意力转向作者而偏离了真正应该被关注的讨论和论证。不同学科——包括自然科学——的很多作者现在混合使用客观（例如在写作的主体中）和主观（例如在导言章节）模式。

主动表达还是被动表达

与主观和客观模式一样，老师/导师通常会表达对主动或者被动语态的偏好，这可能意味着你的实践的改变。

当使用主动表达时，动词所表达的动作的行动者/生产者/工具是前置的。被动表达则刚好相反。看下面的例子：

主动结构：

管理者**引进了**新的措施来处理产量问题。

（前置变化的行动者："管理者"。）

被动结构：

（a）新的措施被管理者**引入**来处理产量问题。（前置"新的措施"，但是承认变化的行动者："管理者"。）

71 （b）新的措施**被引入**以处理产量问题。（前置"新的措施"，但是模糊变化的行动者："管理者"。）

主动结构更为直接和有力，无关个人模式的使用，见下面的例子：

主动结构：

（a）结果**证明**这类犯罪的发生率提高了。

（被动结构：这类犯罪发生率的提高**为**结果**所证实**。）

（b）英国殖民政府的干涉主义政策**加剧了**少数民族之间的紧张关系。

（被动结构：少数民族之间的紧张关系因为英国殖民政府的干涉主义政策而**有所加剧**。）

通常，主动表达和被动表达在同一文本中混用的情况并不少见，因为作者想要在不同的时候对句子进行不同的强调。

语调使用策略

可以在写作中对语调进行控制以获得预期的效果。不管你承不承认，你写作的语调会传达情感和/或精神态度，这影响着读者对你文本的反应。

语调可分为以下三个层次：

（1）你对自己作为作者的态度（目标是自信）。

（2）你对讨论主题的态度（目标是呈现对你的观点的兴趣和投入）。

(3) 你对读者和/或听众的态度（目标是尊重）。

自信对于某些学生而言可能是问题。试探性的语言（例如“也许”“它看起来是”“它似乎是”“它可能是”）在评论可能性（例如在进行猜测）时是很恰当的，但是这种语言如果使用太多会让读者觉得你缺乏信心，如下所示：

自信的作者：

这一研究**表明**……或者这一研究**指出**……在第二节，我**评估**……的原因是……

缺乏自信的作者：

这一研究**可能是指**……或者看起来**作者想说的是**……在第二节，**我会试图评估**……的原因为……

不同程度地使用中立、公正或者审慎的语调，往往是正式学术写作的特征。 72

练习：表达和语调

考察你正阅读其作品的学者对表达和语调的使用会很有帮助，你可以思考以下问题：

(1) 最优秀的作者使用主观表达还是客观表达？在哪些写作情境中会出现混用的情况？

(2) 你喜欢主动表达还是被动表达，或者是否存在混用的情况？如果存在，存在于哪种写作情境中？

(3) 作者对自己的态度是什么？对主题的态度呢？对读者的态度呢？这些态度怎样影响你对文本的看法？

3.5 进一步的资源

Alley, M. (2000) *The Craft of Editing: A Guide for Managers*,

Scientists, and Engineers. New York: Springer.

这本书为想要充分控制编辑过程的学术作者提供了大量有用的信息和策略。

Gilmore, J., Strickland, D., Timmerman, B., Maher, M., and Feldon, D. (2010). 'Weeds in the flower garden: an exploration of plagiarism in graduate students' research proposals and its connection to enculturation, ESL, and contextual factors', *International Journal for Educational Integrity*, 6 (1): 13-28.

Strunk, W. Jr and White, E. Bs (2000). *The Elements of Style*. 4th edn. Boston, MA: Pearson Education.

（自 1918 年出版以来）这本内容紧凑的小册子在学术共同体内一直广受欢迎，它涵盖了语法的基本规则、误用的单词和用语以及风格和汇报的各个方面。所有这些内容都配有直接而实用的案例。

第4章

使结构合理的原则

目标：

通过应用本章的策略、完成本章的练习、遵循本章的程序步骤，你可以有以下收获：

- 理解设计结构的关键原则，避免导致常见学术写作问题的做法。
- 确定策略，通过头脑风暴或思维导图控制范围，随后列出文本提纲。
- 了解如何将子标题作为有效的结构化工具，这有助于论证的发展以及整体的连贯性。
- 以主要观点为中心从而有逻辑地撰写段落，这有助于（在论证中）发展统一观点或论点。
- 理解段落连接策略，确保想法有逻辑地或者连贯地发展。
- 在写作中学会处理句子的结构，将关注点集中在重要观点上以及避免单调乏味。
- 意识到舍弃不符合语境的材料的必要性。
- 改善你的写作的整体结构。

结构是你对某一主题进行思考的连贯排序，好的结构使你的观点、讨论和论证更加易懂，且对读者和考官有说服力。对本章所述问题关注的不
74 足会带来很多（但不是所有）研究生写作的问题，如文本的支离破碎，思路中断，重复，反复解释，认知跳跃，使用了无关材料，等等。本章将关注使结构合理的原则接下来的章节，也将对如何处理不同类型的写作中具体的结构问题进行进一步的补充。

4.1 材料的可视化图谱

材料的可视化图谱是开始获得文本控制的有用方式。本章的观点是挖掘你已经在阅读或其他信息搜集过程中形成的那些通常学生意识不到自己已经掌握的广泛知识。

头脑风暴和思维导图

头脑风暴计划可以采用你想要的任何形式。有的学生喜欢倒置的树状图，有的学生喜欢自由浮动且相互交叉的盒状图。你可能需要多种计划，如对整篇论文、对每一章或者对每一个小节的计划。

先在一张很大的纸的中间写下你的主题，比如说一章或者一节的暂定标题或者你的研究问题，然后从中列出分支。用头脑风暴集思广益，明确你需要涵盖的内容，找到问题并形成你想要论证的观点。快速地记下在脑海里浮现的所有东西。你的头脑风暴计划有多混乱或者散乱都没有关系，让你的想象力自由驰骋。在你的计划中尽可能多地获取信息，在这个时候可以忽视结构问题。你可以使用不同颜色的荧光笔标记不同的目的。如果你从没用过这种方法，图 4－1 可以给你一些概念，图中呈现了一个部分完整的计划，当然你的计划可能与图中完全不同，这取决于你的视觉设计偏好。

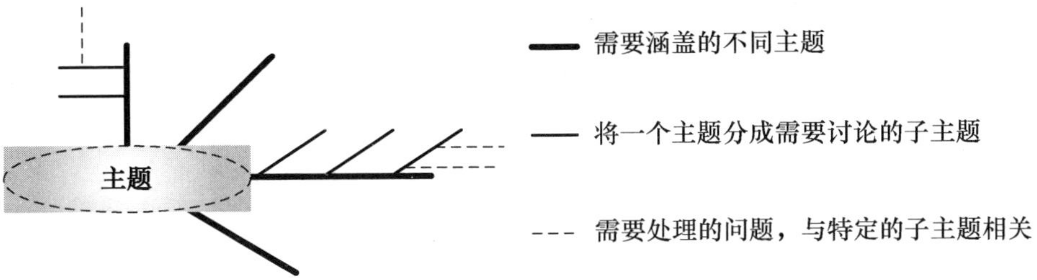

图 4－1　简单的头脑风暴计划

我们可以拓展这个图，如果它是一个章节的头脑风暴计划，那么不同的主题可以用这个图来根据它所涵盖的内容生成节标题；子主题可以是每个小节中更准确地聚焦想要涵盖的内容的一种方法；而问题可能是一种根据主题被涵盖的原因而更精确地聚焦于节标题的手段（参见本章后面讨论的“有效使用小标题”）。但是不要受限于这张图，你的需求可能并不相同。

与在纸上进行头脑风暴相比，你可能更愿意利用 Bubbl. us、Cacoo. com 或者 Mindmeister. com 这样的在线导图应用来绘制思维导图。如果你更喜欢桌面（相较网络）应用，那么 Freemind 或者 CmapTools 相当流行。也有一些专有软件，但是大多需要付费，很多智能手机和平板设备的软件也是收费的。但是，这些工具通常能够提供非常简单的“点击拖放”界面，让你在“页面”移动文字、观点和图形，并在概念之间建立联系。它们也允许你使用不同的颜色来强调你的思维导图计划的不同部分，并将你的思维导图导出为图形（例如 jpeg 或者 png 格式的图片），或者使用嵌入代码将你的思维导图嵌入你的博客、维基百科或者其他网站中去。

选择适合你的工具或者服务，用谷歌或者维基百科搜索“思维导图软件比较”可以找到很多有用的网站，这些网站能够让你了解不同思维导图工具和服务的特点、相似点和差异。

图 4－2 呈现了一个 30 000 字论文的思维导图。

76

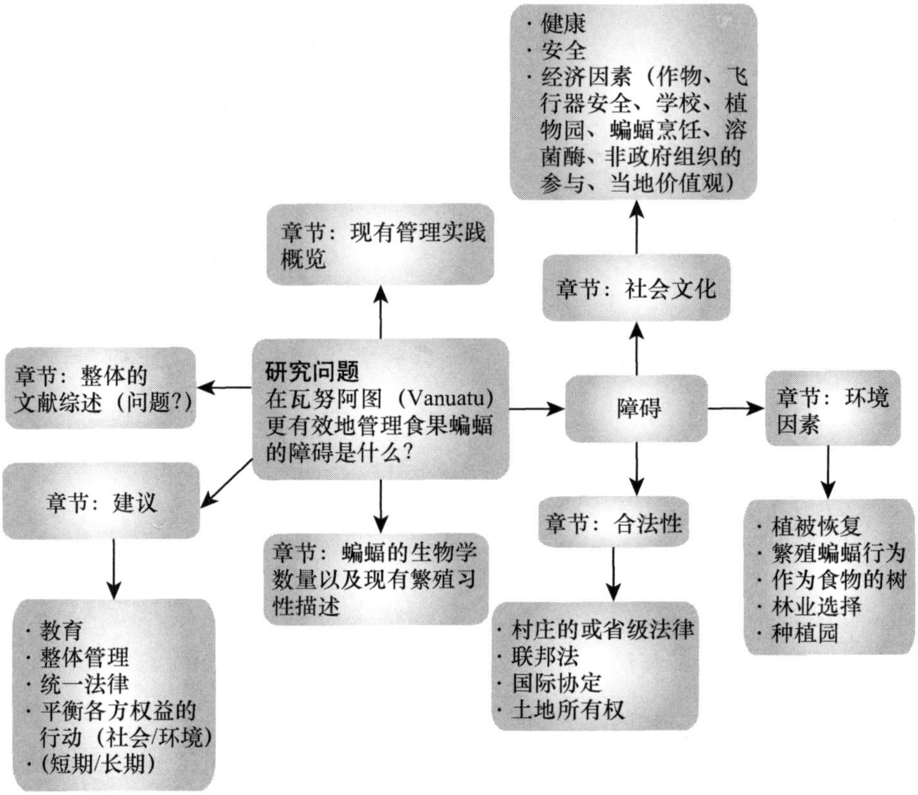

图 4－2　Bubbl. us 创建的思维导图提纲的案例

注：注意“障碍”这一大主题是怎样被划分为三个章节的。

4.2 顺序大纲

头脑风暴计划和思维导图可以根据你的选择而做得简单或者复杂。它们在控制内容的覆盖范围方面特别有用，也可以进一步被用来呈现大量的文本关系。顺序大纲对于决定所论各个部分之间的逻辑关系方面更为有用，即主题和子主题将按照怎样的顺序被讨论以涵盖你的整体文本设计。

关键点

这不仅仅是要对涵盖的内容进行排序的问题，而是要以连贯和合乎逻辑的方式对讨论或者论证中的不同阶段进行排序。

在生成顺序大纲时，记住以下这些简单但重要的原则：

（1）在有指定字数的地方考虑字数问题。

（2）思考不同部分、章、小节等等的信息的适当性。

（3）确定部分、章节等等之间的逻辑关系，确保顺序的连贯。你可以尝试不同的顺序安排，直到找到一种让你想讨论的观点看上去有力而流畅的顺序。

（4）在确定材料顺序时，确保读者有足够的信息在每一点上都能够跟 77
上你所设定的顺序安排。尤其是要确保核心观念、术语、理论等等在被用于讨论——即被用于你的论文、报告或者论文章节——之前得到很好的界定，或者对它将在什么地方得到界定给出信号。

总之，认真想想你正在思考的排序能否让读者很容易就跟上你论述的整体思路。

细化这一大纲层级的下一步是思考以下几点：

（1）将章节的暂定标题和/或细分标题纳入其中。

（2）在新设定的细分标题之下为不同的章节选定研究材料，越精确越好（你可能在进行思维导图时已经做了这点）。

（3）将在不同的章节的不同标题下你想要讨论的材料的所有主要观点记下来——你将围绕这些观点建构你的论述。

（4）记录用来论证你想要提出的主要观点的所有数据/证据。

有效使用小标题

小标题通常被用来分割文本，它是非常重要的结构化工具。如果使用得当，小标题会帮助你避免因文本不连贯问题而导致的重写，也有助于读者跟上你的讨论/论证的思路。

有些作者喜欢使用不同的字号来区分小标题；有些作者喜欢给小标题编号（例如1.1、1.2、1.3，再进一步分，例如1.3被分为1.3.1、1.3.2等等）；有些作者则将两者混用。同时，小标题被使用的程度也有所不同，某些学科领域对小标题的使用更为频繁而另一些领域坚持在小标题下面必须进行实质性讨论。不管这些差异，小标题并不进行结构化这一艰苦工作——这一工作只有你能完成（这里唯一的例外是对子标题的公式化使用，这你肯定知道）。

关键点

避免用小标题代替细致的结构化，这样的实践会导致文本的不连贯。

78 **个案研究案例**

栏目 4.1　过多使用小标题带来的文本不连贯

导师要求某一章必须被完全重写，因为它的内容“不连贯”。这一章的34页中使用了29个小标题。讨论的各个部分是断开的，而整体的章节结构是破碎的。小标题的选择和安排看上去没有内在逻辑，因此读者无法在整章内找到连贯的讨论思路，也无法看到统一的观点。换句话说，小标题分散了读者的注意力而不是对读者有帮助。为解决这一问题，作者必须回到计划阶段，重新思考整体的结构，大量减少小标题的数量，生成新的能够准确反映论述真正关注点的小标题，检查这些新建立的小节的逻辑线，确保文章能够发展出连贯的讨论线。然后，作者要对这章内容进行重写。

一定要保证你的小标题不仅仅是装饰，而是有意义的，如下所示。

例证　如果说“发展方案”是一篇关于“环境退化”的研究论文涵盖的众多主题之一，那么使用“发展方案”这种类型的小标题将毫无助益。

在生成“发展方案”这个小标题时，以下问题立刻就出现了：

(1) 在“环境退化”这一主题中，作者对“发展方案”的兴趣点在什么地方？

（2）为什么作者要讨论这些方案？

（3）作者在对这些方案的讨论中想要证明、呈现或者建立什么？

关键点 79

在生成小标题时，你必须思考你想要涵盖什么内容？你为什么想要涵盖这样的主题？你想要呈现、证明、建立或者证实什么？

通过表明环境退化和发展方案之间的联系，一个更为准确且信息更丰富的小标题是“发展方案中农药使用量的增加”。

现在读者可以很容易地从引导性的词句中看到作者对于发展方案的兴趣在于“农药使用量的增加”，可以看到这一关注点是怎样被与环境退化的主题联系在一起的，可以推断这部分的论证将转向农药使用量增加问题。

在一个章节中对“发展方案”这一主题进行较长的讨论时，更为笼统的小标题就足够了，之后可以再如下面一样进一步进行细分：

1　发展方案

1.1　现存方案的种类和性质

1.2　政府政策对实施的影响

1.3　“地方性”知识问题

1.4　提高整体效率

这些标题中的引导词传达了每一个小节的真正关注点，正是这些引导词在指引着读者。

4.3 撰写文本

一旦确立了小标题，下一步就是撰写文本。这将我们带到了学术段落——学术写作的基本结构单元——的写作阶段（也可参见附录“开展讨论时可用的词和短语”）。作为一个研究生，你很可能已经可以对学术段落进行不错的甚至是很好的把握。但是，很多写作问题都可以追溯到对段落
80 把握的不足上，也许是因为最初对段落的发展基于直觉，而不是基于对学术段落在确保连贯性方面的功能和意义的清晰的理解。

有效撰写段落

要想有效撰写段落，有必要对学术段落的运作基础建立完整的了解，我们现在就开始对这一问题进行讨论。

抓住你的核心观点

通常，学术段落围绕核心观点进行组织，这些观点采用一般性论断或陈述的形式，随后会被发展。这些核心观点体现了你对所论主题的不断深入的理解。

关键点

确保你有核心观点，你正是通过在文本中清晰地指出核心观点来组织你的段落的。

核心观点通常但是不必然都出现在段落的第一句话中，这句话被称为主题句，波普肯（Popken，1987）认为这是“学术论文的标准特征”（当然不仅仅是论文），它在不同学科中的应用略有不同。略读这些主题句，读者就能够描绘你的思考过程。

以核心观点推动你的论文

每一个核心观点都被用于推进你整体的观点、你的立场或者你的论文。图 4－3 呈现了这种紧密的相互联系。

你的研究论文和论述或者其他任何学术写作形式，都应该围绕着你正在讨论的明白无误的观点来进行组织。你在段落中提出的核心观点应该支撑你的观点并推动它，而段落中所包含的具体信息应该支撑你的核心观点。

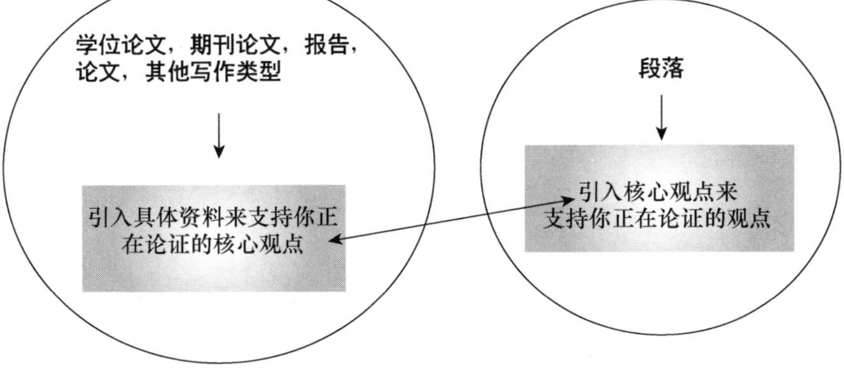

图 4-3　观点和段落撰写之间的结构关系

决定段落长度

段落没有固定长度。但是，它们通常很长，因为在段落中完全发展观点需要大量的具体资料。

正如案例所示，被“不断组织”的重要观点需要很多个段落来发展。

在这一时期，地理景观发生了重大变化。

段落被用作结构或组织工具时，它可能很短，但是仍然有效，如以下案例所示，作者在接下来的若干页会继续讨论他的研究结果：

已有研究依赖于隐性模型，限制了可能的选择［参考文献］。但是，这一研究的结果表明，我们有理由对已经被接受的边界进行重新界定。

确保段落内部一致性

段落中的句子必须紧密联系，连贯一致，这样它们会形成逻辑流。思考下面这个例子中发生了什么使它的一致性被打破了：

回忆偏差是这个调查中的一个问题。尽管结果并不确定，但是调查已经表明，需要对这一地点的食品准备技术进行检查。目前还不能清晰地确定污染源。

如你所见，段落第一句的预期关注点是“回忆偏差”。但是，下一句将注意力转向另一个话题，即检查“食物准备技术”，打破了这一预期。

第三句话进一步割裂了逻辑，读者被引向又一个新话题，即无法找到“污
82 染源”。段落在观点的流动中并不连贯。太多的观点被呈现得太快，每一
个观点都需要进行进一步的说明。

另外，也需要在较长的写作范围内对段落进行连贯的连接。

连接段落的策略

在写作中，连接通常微妙而复杂。连接有时甚至并不必需，例如在方法章节中，逻辑存在于详细说明所采取方法步骤的顺序中。或者你可以在写作的过程中描绘出结构（非常常见），使用被精心组织的主题句或者简短而清晰的段落来提示写作的后续结构。

当你用较长的篇幅讨论观点时，谨慎使用第一、第二、第三这样的话术来引入段落，因为当读者看到第三页的第四点时，就已经忘了你正在讨论什么。这种情况下，使用连接词来表达更好，如下面的案例：

> 一个策略涉及……另一个策略……因成本上升又引入了第三个策略……［提醒读者你在讨论什么］最后，高级管理者发现很有必要……

尽量同时使用多种我们现在正讨论的连接或过渡策略，而不要依赖于那一两个标准。

复述词/词组

最简单、最常见也最巧妙的过渡就是复述词、用语或者观点：

> **段落的最后一句：**
>
> 在这个开幕典礼上进行的**仪式**的性质尤为重要。
>
> **下一段落的第一句：**
>
> 这些**仪式**围绕三个基本活动来组织，每一个都有自己的宗教意义。
>
> **段落的最后一句：**
>
> 这里X假设了两个一般语言学概念：**对立概念**以及均等概念。
>
> **下一段落的第一句：**

对立概念来自 X 的洞察力，其关注……

问答过渡 83

这种类型的过渡非常有效，但是谨慎使用反问，因为笨拙的过度使用会产生一种带有强制感的文体效果：

段落的最后一句：

为什么这一计划会失败？

下一段落的第一句：

X 在其分析中指出了三个主要原因。

总结性过渡

这一技术可以通过案例来说明。在案例中，作者刚刚完成了对高中和大学教学技术的长篇比较，现在想要转向新的——但是仍然相关的——主题：学习中的“个体责任”。下一个段落的第一句是：

由于**教学方式的这些差异**，大学要求学生承担更多的责任。

过渡是以总结性的语言来完成的：“教学方式的这些差异”，指向刚刚完成的长篇讨论。

总结性过渡的形式可能更简洁，因为它可以使用诸如“这个”“那个”“这些”“那些”或者“这样”的代词来总结之前段落讨论的主题。但是，这些代词和所有的英语代词一样（“它”可能是个真正的问题），带有指代不明的危险。在下面这个例子中，我们完全不清楚“这些”指代的是“政策”还是“财政安排”：

段落的最后一句：

不同的机构形成了并不连贯的政策，1992 年，紧缩的财政安排被提议以推进这项计划。

下一段的第一句：

这些在文献中一直有着激烈的争论。

只要指明指代对象，这一问题就很容易被解决了，如把“这些”替换成“这些政策”或者“这些财政安排”。

关键点

如果英语代词让你困扰，指明你的指代对象而不是单单使用一个代词。

84 使用逻辑连接词

也可以使用呈现逻辑关系的词来连接段落，比如“因此”“然而”“但是”“因而”“于是”“即便如此”“反之”“不过”“此外”“另外”等等。但是通常，逻辑连接词被用于段落中从一个句子转向另一句的时候，即被用作段落内部的过渡。

举例来说，作者刚完成了一个段落，总结了某个作者对一个被记录在案的骚乱的分析，他现在想要继续推进讨论。下面是三种不同的逻辑连接：

> **段落的最后一句：**
>
> 布朗（Brown）的分析对当时的军队和政府之间的已有权力关系提供了有益的洞见。
>
> **可能的下一段落的第一句：**
>
> (a) **但是，**嵌入在社会结构中的权力关系对骚乱原因的解释可能更加重要。
>
> (b) **即便如此，**他并没有真正努力解决政府在军队对手无寸铁的男人、女人和孩子进行的攻击中扮演什么角色的问题。
>
> (c) **因而，**史密斯（Smith）对同一问题的广受引用的分析必须在布朗（Brown）的发现的基础上被重新考量。

无论以怎样的形式，段落之间的过渡都不应该唐突，而应轻松地将读者从一个话题引向另一个。

操控句子结构

懂得如何操控英语句子的结构会帮助你强调重要的观点、调整写作焦点、避免疏离读者或者让读者感到无聊。

这些基本的英语句子结构提供了简单、复合和复杂句子的非常复杂的组合，如下所示：

简单句子（一个核心观点）：

贸易数据有所改善。

复合句子（两个同等重要的观点）：

贸易数据有所改善，经济也有所改善。

复杂句子（两个并不同等重要的观点）：

尽管贸易数据有所改善，但是经济增长仍然缓慢。

或者：

尽管经济增长缓慢，但是贸易数据已有所改善。

注意，在最后一句的转换中，强调的重点发生了改变。在前半句中核 85
心论点是“缓慢增长的经济”，但是在后半句中成了“改善了的贸易数据”。

一定要变换你的句子结构。如果写作只是将一系列简单的短句串在一起，那么它会单调乏味，缺乏焦点。读者会很难分辨你认为正在进行的论述有多么重要。过多的长句子同样很麻烦。过多的没有被好好建构的句子也会使读者疑惑，使得他们很难——甚至不能——理解你想要表达的含义。所以，一定要谨慎，尤其是对英语是第二语言的人而言。

关键点

使用简短、清晰、有力的句子（简单句子结构）将读者的注意力吸引到你的重要想法或者观点上，确保它们不被忽视。

练习：改善句子结构

回头看看自己写的若干段落中的句子的结构，将你写的和你所钦佩的学科作者的做法比一比，你可以改进你的句子结构吗？

“丢弃”文件

在文本写作中，你必须确保你所提到的所有观点都与你所讨论的主题直接相关。当然会有很多时候你必须丢弃材料，因为其并不切合讨论的语境。这确实很困难而且相当无情，你的洞见和观点已经发展成了漂亮的句子、段落甚至更长篇幅的文本，你仍然固执地依恋着你的作品，尽管你已经感觉到它们并不合适。每一个学术作者都了解这一困境。

尽管你可能还会抵抗一阵，但是请强迫自己丢弃这些材料。不过，永远不要删了它们。使用剪切功能并将它们转换成一个特殊的被“丢弃”的文件，给每一个文件起一个摘要标题以指明其中心内容。这类丢弃材料很可能在其他时候被很完美地插入其他语境的写作中。

86 4.4 改进整体结构

如果你觉得你写的初稿有结构问题，下面练习中的程序步骤将帮助你改进它。

练习：一致性检验

第一步

现在是时候做你自己的批判型读者了。打印你所写的一段文本：一小段文本，或者一个小节，或者至少六到七页长文本中的两页。快速浏览你的文本，找出核心观点，你正围绕这些核心观点建构你的段落。

在你文本的边缘简洁地概括你的核心观点。在你这么做时，记下来你的文本是否满足以下条件：

(1) 每一个核心观点都得到了充分发展，还是只是得到了部分发展以至于你似乎需要在文本的其他部分再返回来对它进行讨论？

(2) 你在重复自己（在页面上标注“重复”），还是努力阐述观点，以相同的方式一遍又一遍地说着同样的事情（也把这个记下来）？

(3) 你是否太快地呈现了太多的观点，导致某些核心观点没有得到发展，或者似乎发展不足？

第二步

创建你的核心观点的顺序表，在你文本的边缘记下来。打印出来，放到一边。

第三步

现在思考你写作的整体一致性。找一支荧光笔，快速过一遍你的文本，找寻连接的证据，标记所有表明段落内和段落间连接的句子、用语或者单词。

第四步

拿着你打印出来的核心观点和其他发现，思考下列问题：

(1) 你认为你的核心观点已经处在最佳顺序了吗？如果不是，重新将其按照一个新的顺序排列是否能够改善整体的一致性？

(2) 你认为是否有足够的连接来确保你的观点的逻辑的清晰？ 87

(3) 你能看到你的核心观点在论证中是怎样有助于统一观点或者论文的发展吗？

现在你可以重写或者处理需要改进的文本部分。

4.5 进一步的资源

哈德斯菲尔德大学为资料的可视化绘图提供了相当出色的指南。你可以在以下网址下载 PDF 版本：http://eprints.hud.ac.uk/7843/。完整的参考文献是：Burton, R., Barlow, N., and Barker, C.(2010) *Using Visual Tools for Analysis and Learning*. University of Huddersfield。

Gillett, A. (2011) *Using English for Academic Purposes: A Guide for Students in Higher Education*. http://www.uefap.com/ (accessed 8 November 2010).

这一资源为段落控制和发展提供了有用的练习和反馈——如果你想进一步研究这个问题的话。还可以查看普渡大学在线写作实验室，它是最好的全方位在线网站之一。

'Improving your sentence structure', Writing Services, The Learning Commons, University of Guelph. http://www.lib.uoguelph.ca/assistance/writing_services/components/documents/sentence.pdf (accessed 12 October 2010).

这一资源对上述句子结构的资料进行了扩展讨论，详细讨论了有问题的句子，并提供了替代的、好的实践案例。

第 5 章

研究论文

目标：

通过应用本章的策略、完成本章的练习，遵循本章的程序步骤，你可以有以下收获：

- 认识"论文"一词的各种含义。
- 重视学术论点在研究性论文写作中的意义，并且能够从想法（opinions）中分辨出观点（ideas）。
- 学会拟定标题、撰写引言、建立论点、安排证据、避免错误论述、强化论点、得出结论等策略，并确保你的研究论文具有一致性和连贯性。

本章将细致地关注研究性论文，它是教学课堂上较为常用的评价方式，众所周知，要写好它非常具有挑战性。

5.1 “论文”及其近义词

了解围绕着“论文”一词的各种含义是很有帮助的。有时一篇文献述评——对相关文献进行回顾，并在此过程中发展出一个论点——就被认为
89 是一篇研究论文。或者换句话说，一篇文献述评可以按照研究论文的形式呈现——在其中，参考文献有力地支持着论点的发展。

建议性论文（position paper）也经常采用研究性论文的形式，因为建议是通过论证的方式被采纳和发展的。但是建议性论文中的论证常常围绕应该做什么而展开，因而这些论证本身就是某种语境或是其他语境中（比如政府政策、法律或教育改革）的变革手段。然而，这种“应然”型的论证也经常出现在一些研究论文中。在研究生阶段的学习中，建议性论文和研究论文可能差别不大，但如果有需要的话，仍然应该对两者进行区分。

探索性论文与问题求解练习类似，其在取向上更倾向于遵从第 9 章的“商业报告”模式，而不是进行正式的论证。而某些更短的论文更像是一个分析练习，其探索一个主题但是不需要得出明确的结论。或者你也有可能会被要求写一篇概述性论文，即需要提供关于某一对象或主题的综合性概述，将读者的注意力引向关键的问题、关注点或议题。并且，在展示结论之前，你可能还需要对这些观点做出评价。

论文也可以被按照很多不同的方式来组织，下面是一个案例，当然人们可能接受也可能不接受它（你需要问一问）：

1. 引言。
2. 讨论“赞成的意见”——支持某一问题的观点。
3. 讨论“反对的意见”——反对某一问题的观点。
4. 总结作者自己的结论，并提供能够支持这些观点的证据（这是写作过程中对作者要求最高的部分）。

考虑到“论文”的多种理解方式，你需要弄清楚你的老师的期望。在全面介绍在文中进行正式论证的研究论文之前，我们首先将会介绍应对小论文的策略。

5.2 小论文

小论文——即篇幅介于 600～1 500 个单词之间的论文——可能会很有难度，特别是当你需要广泛阅读相关文献时更是如此。这会对你的抉择造成很大压力——什么内容应该被纳入讨论而什么将被省略掉。首先应该确定：(1) 人们是否期待你完全按照规定来论述这个话题；或者 (2) 是否允许你以某种方式将这一话题的范围缩小，比如在某个特定的国家内、某一特定的事件或情景下探讨这一话题，或者深度聚焦该话题的某一个方面。

在第一种情况下，就相当于一个宽泛的话题被设计出来，用以测试你 90
对需要被讨论的重点内容的理解以及你在被评估期间所选择的讨论内容的详细程度（比如说某些特定的关键议题）。在此过程中，你的选择本身就是评价过程中的一个考虑因素。在确定了你希望在论文中涵盖的内容之后，你需要思考如下问题：

(1) 你想提出来以展开讨论的主要观点。

(2) 排列这些观点的最佳顺序。

(3) 围绕这些主要观点展开段落（参见第 4 章的“有效撰写段落”部分）。

你可能会在完成了第一遍草稿的时候进行上述思考。

如果是第二种情况，你需要向你的老师确认你修改过的主题能够被接受。

同学位论文、报告、其他类型的学术写作以及此处讨论的通常被称为“研究论文”的写作一样，小论文也需要使用论据进行论证。

5.3 作为正式论证的研究论文

研究论文是一种典型的论证，而“论证”一词在学术语境中有其特殊的含义。

解码“论证”的含义

论证是学术写作的类型之一。尽管论证是你在撰写研究论文时的主导话语，但是这并不意味着你不会投入其他的话语活动。描述、解释和报告都会在你展开论证的过程中占据一席之地。

关键点

你论文中使用的描述和解释的数量以及所包含的细节的数量，应该受控于确保论证有力这一标准。

论证可以被看作一种诉诸理性的行为，在这个过程中，你会对于话题或问题采取一个立场，或者说形成一种观点或论点。采取立场包含着对于问题的探索，尽管关于“问题”究竟意味着什么还存在着一些困惑之处：

> 91 问题就是一个能在由演讲者、读者和作者所组成的共同体内激发起争论的话题。更具体一些来讲，问题就是能够在共同体内制造紧张以及对于现状的不满足或者不满意的话题。(Kaufer et al.，1989：3)

因此，正式论证关注的是一些开创性的问题或者一系列相关问题，这些问题关系到你的研究是什么、为什么要研究它以及怎样研究。

你的目标是要说服你的读者——即使是那些不赞同你立场的人——相信你在论文中发展出来的立场是合理的。一个合理的论证应该同时是一个有力的论证。而一个论证是否有力取决于你的观点的质量，后者反过来又依赖于你所选择的用来支持你的观点的证据的质量以及你的论证水平。需要注意的是，重要的并非你的论证是真是假、是对是错，而是它们是强还是弱（一个例外情况是对正式证据的使用）。所有这些观察结果都会在接下来的讨论中得到进一步拓展。

从想法中分辨出观点

老师们确实想知道你在思考些什么，但是他们不想知道你对事情的“想法”是什么。我们对很多事情都会有自己的想法并且都会在日常对话中将它表达出来，但我们不需要证实这些想法。和想法不同，一个观点需要有确凿的证据来作支撑，这是想法和观点之间最大的不同。

评价论文的基本标准

在对论文做出评价时，老师至少会采用以下标准，很可能还会包括其他标准（Clanchy and Ballard，1997：4−8）。老师期待你的论文至少能够满足以下要求：

（1）清楚明确地聚焦于被给定的主题，并且对其核心关注点进行充分讨论。

（2）是你广泛的批判性阅读的成果。

（3）应该呈现合理的论证。

（4）应该以恰当的方式被展现出来。

接下来我们将依次探讨以上标准。

5.4　主题（或问题）

你可能自己设定研究主题或问题，也可能被指定一个具体的主题或问题来研究，还可能需要从老师提供的一系列话题中选择其一来研究。

设置主题 92

如果你已经接受过如何从你的选择中聚焦和发展出一个研究主题或问题的相关指导，那么就遵照这些建议行动吧。如果没有，考虑一下下面这些问题，因为你需要很实际地来设置一个研究主题，很可能就是在你真正感兴趣的领域中选择：

（1）你论文的篇幅有多长？

（2）你有多少时间可以投入于你的论文？

（3）在你感兴趣的研究话题领域中，文献的范围是什么（文献太多或者太少会以不同方式让你陷入挣扎）？

在选定研究主题时真正的危险在于野心太大。一个过于宽泛的选题意味着为了单纯的广度而牺牲深入的分析，这使得一些有趣而精巧的见解很难有机会涌现出来。

关键点

想一下你的研究主题是否适合一篇需要展开深度分析的长论文。

对老师给定研究主题的特征进行反思是你在自行设置主题时的一个有用的起始点。这类主题一般都能够将你置于争论中，能够促使你将主题与观点联系起来以形成一种立场并将其发展成论点。你可能会在论文中处理一系列的问题，但是仅讨论一个主要问题也挺不错。这时候你需要回想一下“课程指南”（如果授课老师提供给你了的话）中提出的课程目标，以便确定这些让你感兴趣的问题或者争论是否与课程目标相关。你也可以浏览一下教学与指导说明以确定老师列举过哪些类型的问题。此外，比如说在某门课程比较关注理论的情况下，你还可以考虑一下你的选题是否能够与理论相联结。

最后一条建议：你可以写出选题的一些细节，这样在你正式开始研究之前可以先得到老师的认可。你将选题阐释得越细致，你的老师越有可能在篇幅和可以投入于研究及写作的时间等方面认可你的选题的可行性。

分析被给定的选题

回忆一下上文给出的评价论文的标准“清楚明确地聚焦于被给定的主题，并且对其核心关注点进行充分讨论”。

对文章主题的诠释是论文写作可能走偏的第一个节点，因为很有可能你会仓促地进入阅读材料的阶段（还可参见第 2 章的“确保信息以任务为中心”部分）。如果你未能收集到能够充分阐释研究主题的最佳信息，那么要写出一篇优秀的论文几乎是不可能的。 93

练习：分析研究主题

如前文所述，大多数论文主题都会迫使你在阅读时关注问题，并且在评价文献时呈现出的不同观点（参见第 2 章的“批判性地处理信息”部分）。在运用下文提出的主题/角度/过程（Subject/Angle/Process，SAP）方法进行选题分析时，也需要牢记这一点。我们以下面这个选题为例来阐明应该如何着手分析你自己的研究主题：

选题示例

如果说军备控制方案是冷战的产物，那么现阶段它的作用是什么？它是否应该让位于更彻底的解除武装行动？还是说如今军备控制和裁军计划已经无关紧要了？你的讨论应该考虑到现阶段研究兴趣的理论争论。

第 1 步：主题

问问你自己：我要研究的是什么？

我们给出的选题示例比较简单：“军备控制”。但是要确定一个选题的真正主题并非总是这么容易，很多情况下选题可能很复杂，并且由多个部分组成。如果你不能精准地确定你需要研究什么，那你应该和你的同学们一起对选题进行头脑风暴，或者/以及咨询你的老师——不要在你还不确定的时候就着手开始研究。

第 2 步：角度

现在问你自己：为什么我要研究这个主题？

在此，你必须确保你会充分地处理这一选题的所有核心关注点。如果你是这个学科的学生，你应该有能力列出比被给定的选题更精细的一系列相关问题，哪怕这些问题充分说明了最重要的头脑风暴过程。

> 94 军备控制意味着什么？需不需要对其进行界定？（当然需要，如果在你的学科内对这一概念并未达成一致见解的话。）军备控制是冷战的产物吗——是或者不是？现在你可以进行到选题的核心关注问题了：
>
> “裁军方案”主要指哪些？（你能否确切地知道这个短语意味着什么？）在多大程度上军备控制依然具有重要意义——很大程度，一定程度，只是最低程度，或者是其他？究竟是以何种方式，它依旧保持着重要性，或者不再重要？在后冷战时期，除了军备控制外，是否还有其他安全措施需要被考虑？这些措施是什么？
>
> 评价相关文献并且问自己：我关于这些问题的立场是什么？（注意找出学者们关于这些议题的争论，然后收集证据以支持你自己在进行论证时将会采取的立场。）

能够给这类问题提供答案的信息应当被收集起来以有效应对示例的选题。通过浏览（参见第2章的“管理你的阅读量”部分）你应该能够避免将时间浪费在阅读一些和研究主题并不直接相关的材料上。

关键点

对你的选题进行头脑风暴以形成一系列问题，凭借这些问题，你可以控制你的阅读并且能够确保你获得最好的和正确的信息。

第3步：过程

问你自己：我该如何实施我的研究？

选题示例中已经包含了研究过程的清晰指令“你的讨论应该考虑到现阶段研究兴趣的理论争论”，这意味着无论在其他方面你还要做些什么，你都必须在你的研究论文中应用理论。在这种具体的过程指令之外，其他常用的指令性词汇或短语还包括“讨论”“探究这一评论”“分析”“仔细检验”“评价该主张”“在何种程度上”“批判性反思”“比较和对比”或者“你同意吗”。这种类型的指令一般都需要作出论证。当你在建立论点的时候，投入这些议题，然后发展出你自己的立场，并利用确凿的证据来支持你的立场。

5.5 撰写引言

因为引言的作用主要是将读者引向你的分析，所以应该确保其简短切题，对于一篇 3 000 字的论文来说，引言的篇幅可以在一页左右。尽管篇幅不长，但是引言在研究论文中的作用是非常重要的，在其他类型的学术文章中也是一样。

确立背景 95

提供一些相关的信息来建立你的讨论背景。看一看我们从上文练习部分所给的示例选题的论文引言中摘取的一段话，注意它是如何与选题保持相关性的。它没有偏离选题的核心关注点，这是提供背景信息的时候很可能产生的风险：

> 冷战与核时代几乎是在同一时期诞生的。在这一背景下，严格来说，冷战只是为军备控制方案增加了一个核的维度而已。然而，对于核武器的毁灭性特征的关注，导致绝大多数媒体将注意力放在核军备控制特别是美苏这两个核霸权国家之间的军备竞赛上［参考文献］。不过，同样是在冷战期间，大量努力也被投入一些常规军备控制的行动，如共同均衡裁军（MBFR）［参考文献］、生化武器领域的行动以及信心建立措施等（CBMs）。

界定重要的术语、短语或概念

如果在定义上发生失误，作者和读者之间的交流可能会被严重歪曲。如果对于出现在你论文中的一些词汇、术语和概念，学界尚未形成被广泛接受的定义，你需要承认这一事实并寻找已有定义的共同点，然后给出你的论文所使用的界定。借助专业词典或者参考你所在学科的工具书将是一个有用的起点，然后你就可以在其他学者给出的定义的基础上形成你自己使用的定义（参见本章稍后部分“增强论证的策略”中给出的例子）。

展示立场

针对你想要在文章主体部分发展的论点（你关于这个选题的立场）提供一个概括性的陈述。

相比直接摆出立场，你可能更被期待能陈述论文中的主要结论。而相比陈述一个立场（尽管这也是一个好主意），或是详述你的主要结论，你可能更需要交代你的研究目标。下面这位作者在通过简要回顾文献中的主要争论的方式来建立研究语境之后，就是这样做的：

> 这篇论文的主要目标是对上文所述的不同立场进行批判性的评价。

你会发现在你的引言中，你做了很多类似的事情。

96 ### 进行程序说明

将读者导向你论文的结构——你在整体上组织讨论的方式。提示程序的短语一般包括以下类型：

> 首先，我检验了……接下来是对……的回顾，然后我将展示关于X的理论基础。第四个部分将会进行比较分析……最后，我将针对……提出建议。

在很多情况下，步骤或者程序是以一种更为微妙的方式显示在论证展开过程中的，就如栏目5.1中所给出的假设的例子一样：

个案研究案例

栏目 5.1　引言应在紧紧聚焦于研究主题的同时，实现其引导读者的功能

主题

讨论“经济理性主义政策应该为经济衰退负责”。

通过阅读各类立场识别出的重要因素

(1) 政策制定领域：汽车制造、科技、初级产品出口——比如食品。

(2) 劳工运动（全国运输和矿业工人罢工）。

(3) 自然灾害：分布广泛的洪涝灾害。

(4) 国际政治经济方面的因素。

编写引言的步骤

第 1 步：提供和选题有关的背景信息［对感兴趣的时间段内的经济衰退现象进行概括性评论（带参考文献），篇幅为三个段落］

第 2 步：参考已有文献，对什么是“经济理性主义”加以界定。

第 3 步：遵照下文的方法展示你的研究立场和研究程序（下面展示的由四个部分组成的观点排列顺序反映了论文的整体结构）：

> **（第 1 部分）** 当今政府推行的经济理性主义政策对三个主要的出口产业产生了缓慢增长的影响：汽车制造业、科技产业以及初级产品出口业。然而这些政策却不应该对明显的经济衰退负全责。**（第 2 部分）** 过去两年在某些部门发生的劳工冲突对经济增长尤其具有破坏作用。**（第 3 部分）** 经济还必须与广泛分布于全国各地的洪涝灾害做斗争。**（第 4 部分）** 此外，在世界政治经济中还是有一些特定的发展的，在讨论经济衰退的原因时，也应该对这种现象加以解释。

97

当你在展开论证和标示研究程序的时候，这种概括程度是很常见的。在这一阶段，你只是将你的读者引向论文主体部分将要出现的讨论而已。

5.6 建立论点

为一个论点建立基础和构架的工作并不是在论文写作的过程中进行的，而是在为了达到研究目标而收集信息的过程中开展的［参见本章的“主题（或问题）”部分以及第 2 章的“确保信息以任务为中心”部分］。在阅读的过程中你应该确定以下三点：（1）你在这个话题中处于什么位置——你的立场（基础）；（2）你将提出什么观点来把你的立场发展成论点（构架）；（3）你将采用什么证据来支持你的观点以确保你的论点是有力的。你想表达的一些细节问题在你写作的过程中会不断涌现出来，但是如果在动手写之前没有打下坚固的基础并建好构架，那么即使花费再大力气也很难确保你的文章可以形成一个有力的论点。

在阅读中形成立场

可以按照如下方式界定“立场”：

立场就是在完成对相关文献的批判性评价之后形成的观点。你所持的关于研究选题的立场决定着你论文的写作（还有你的论证的开展）。

在你通过阅读过程建立自己的立场的时候，请思考以下问题：

（1）你倾向的这个立场能够阐释选题的所有部分吗？

（2）你是要采取一个统一的立场，还是由于论证内容比较复杂，对它的各个部分采取更复杂的立场？

98 尽管你的选题可能看上去直截了当，但是在研究生学习中选题如此简单明了的情况并不多见。因此，你所采取的立场通常是比较复杂的，可能由多个部分组成（参见栏目 5.1 中的例子）。

能够支持你的立场的最初证据来自已有文献，所以在阅读的过程中要做好记录，如直接引用、改述或者一般性的引用等，除此之外，支持性证据还可能来源于你自己生成的原始材料。

利用已有资源论证

利用已有资源论证指的是通过引用，如直接引用、改述或者引用图书和章节的内容来为你的立场提供支持（可参见第 3 章的“引用和抄袭”部分，还可参见 Kaufer et al.，1989；Davis and McKay，1996；第 5 章“因果关系”以及第 6 章“论证”）。

你的论文应该能够显示出你对其他学者所持观点的熟悉与理解程度，而这是广泛的批判性阅读的成果（参见第 2 章的“批判性地处理信息”部分）。这并不是说你只需要描述其他学者的所说所想，而是意味着你应该利用这些原始资源来推进你自己的立场，或者说，如果你愿意的话，建立你自己的论点。在阅读的过程中，你应该仔细做好笔记，记下那些对于你将要在论文中发展的论点有用的看法以及可以用来发展这些看法的其他学者提供的证据。

当然你也可以在建立论点的过程中挑战其他学者，即中和对立的论点，就像下面这位学生的做法一样：

> X［参考文献］从政府经济利益的角度，为继续推行集中化服务提供了合理的理由。但是在判断收益的时候，他并没有把维持集中化所需要的高昂成本考虑在内。

在发展赞同政府服务“去中心化”的成本收益效应的立场时，这位同学意识到 X 的观点可能会被用来挑战她自己的观点，所以她必须通过指出对方论点中存在着过于狭窄的缺陷来使对立观点无效。

除非你是在处理一些重要的原始资料［如文学文本、档案文件（如信件和日记）或法律文件］——对这些资料进行直接引用是合适的——否则，你应该避免篇幅过长的直接引用。你要处理这些你正在阅读的原始资料，所以从一篇很长的讨论中转述两到三个核心要点就足以达到你的目标了。有效的转述能够展现出作者对于原始资料透彻的批判性理解。

避免错误论证 99

确凿的证据是一个有力论证的必要非充分条件。合理的推论同样是不可或缺的。要注意下面这些类型的谬误，它们都是不正确的或者错误推论的表现（关于论证中的逻辑谬误更全面的论述，可参见 Downes，1995—2000）。

循环论证：例如，“刑罚改革是非常有必要的，因为存在监狱腐败，监狱腐败表明需要进行监狱改革”。

推论前后不一致：指的是结论并非从你设定的论点的前提中得出的。

非黑即白的思维：这种思维倾向于从一个极端到另一个极端。例如，“如果老师们不能解决学校里的问题，那么他们就应该全部退出这场辩论”。老师们不能“解决”问题并不意味着他们不能为辩论做出贡献。

假定部分是真的，那么包含这个部分的整体也是真的（反之亦然）。例如：宣称药物滥用对于 13～16 岁的在校学生来说是一个大问题，但是对这一年龄段学生的调查却只在很少一部分学校进行。

乞题：这发生在当你提问的时候错误地假定了某事为真。比如，“为什么男性比女性更有进取心？”在这里，未经证实的问题是男性是不是真的更有进取心。你必须证明男性比女性更有进取心，而非直接如此断言。

假定结论：例如，“这种行为是错的，因为它是不道德的”。你必须证明这种行为之所以是错的是因为它与道德准则相左，而不是假定事实就是如此。

诉诸不恰当的权威：这一谬误可能会发生在这种情况下，比如你会利用某个领域公认的专家的观点，但是他并不是你所讨论的话题领域的权威。

因果关系判定谬误：将因果关系和统计上的相关或一致关系区分开来是非常重要的。数据可能会显示两个事件 X 和 Y 之间存在很强的相关关系，但这并不等同于 X（或者只有 X）会引发 Y。

（随意）推论/下结论：在得出推论或者结论之前要确保存在着真实的证据可以支持它。例如，详细论述高等教育中存在的问题并不足以使你得出政策改革很有必要这一结论。这样一个结论的生成，需要建立在仔细（且令人信服）地展示高等教育中存在的问题与现行政府政策之间的实际关系的基础上。

增强论证的策略 100

如果缺乏细节，你的论证将会被严重削弱。为了使你的论点显得合情合理，你的论文需要包含充分的细节内容，你可以通过运用一系列论述和写作策略来达到这一目标，当然这些方法可能你已经在使用了（还可参见第 4 章的“有效撰写段落”部分）。

练习：增强论证

仔细观察下面段落中运用的细节的特征，以及那些被用来推进论证的写作策略的效果，也想一想这些段落所使用的论证的质量。除此之外，留意作者是如何将学术原始资料整合在论证过程中的。

在引言段作者使用了**下定义**的方法来和读者建立清晰的交流，以阐明在论证发展过程中如何理解这个尚存疑问的概念。通过与宪法的定义进行比较，作者为“公法”下了一个自己的定义，并在此过程中使用学术资源作为支撑：

> 宪法关注制度化地组织和运用公共权力的方式以及行使公共权力的机构之间的关系，与此同时，它还关注这些机构与其他社会利益之间的关系［参考文献］。公法则是一个相对模棱两可的概念，它指的是由法庭决定的解决国家及其主体之间纠纷的法则［参考文献］。有人认为［参考文献］公法逐渐包含了行政法、刑法甚至环境法，这取决于国家在多大程度上被理解为一个合法的行动者。就本篇论文的目的而言，如果国家行为可以被界定为对个体自由的规制，那么公法就可以被理解为是对国家规制个体自由的能力的规制（强调由本书所加）。（脚注中还有更多的解释性信息。）

在下面的例子中，**比较法**被用来说明要判断出现在绘画中的地毯的产地是非常困难的。注意末尾部分使用的**比较说明法**，作者运用了第一句中提到的细节内容来强化她的立场：

> 在确定一块地毯的产地时，我们可以依据以下指导原则：它的设计元素、装饰风格和图案、色彩以及这些方面的组合，此外还包括已知的地理上的关联［参考文献］。通过直接检验这个地毯本身也是一种可行的方法，如它的经纬纱线的密度、使用染料的类型、采用的技艺等诸如此类。然而，对于一块出现在绘画作品中的地毯来说，这些分析工具要么是不现实的，要么是不可靠的。
>
> 101 绘画是现实的一种幻象，尽管它将自己伪装成是对现实精巧细节的客观描绘。地毯在这种幻象中也扮演了一个角色，而且它可能被艺术家塑造以便适合理想的作品整体风格。一个绘画作品中的地毯，它的图案可能被从透视的角度加以改变，或者材料上的褶皱会改变图案的外观；地毯的颜色也可能为了艺术效果而被更改，同样的改变也可能会发生在装饰设计以及其他特征上（强调由本书所加）。

因果分析是下面这个段落的特征。注意作者是如何通过分析日本科技发展的原因来发展他在首句提出的一般性论断的。此外，作者还通过引用其他学者的观点作为支撑以强化自己的分析：

> 科技发展并不是一个自然的过程。任何一种技术的背后都有社会力量作为支撑。就日本而言，“自从1868年明治维新以后，经济和科技发展就被奉为日本国民的社会目标”［参考文献］。甚至有人提出“军人阶级，武士，基于他们自己的生活经验……能够认识到西方科学技术的优势和合理性”［参考文献］。但是无论如何，导致日本微电子和IT产业发展的直接推动力量来自从20世纪60年代开始的日本资本主义发展所面临的改变和危机［这里有解释性的脚注］。这包括明显可被感知的经济增长放缓、人口变化带来的劳动力短缺以及近来对于老龄人口的关注。

重述指的是用不同方式来说同一件事情，但它又不仅仅是重复。重述是一种用来澄清较难的观点以及/或者增强这些观点的重要性的有用策略。重述有时会通过“也就是说”“我的意思是说”“换言之”等短语表现出来，但更为常见的是没有任何标志。在下面的例子中，重述的观点，也就是被加粗强调的内容，和第二句非常相似。重述的内容不仅阐明了作者对于正统历史学家原本所持的立场，而且通过引用文献进一步强化了这个立场。比较法在这个例子中再次受到青睐，作者用它来区分正统历史学家的方法与更为激进的X的方法：

> X对待历史的方法被正统的历史学家们认为过于激进。传统的历史学家们假定历史是对“事实”的记录，是可以通过仔细的调查被客观证实的。**如同Y所宣称的那样：“正统历史学家们对过去持一种‘发现’的视角，认为过去就在那里，作为一个领域、一类实体、一种力量等着历史学家们去发现”［参考文献］。**同时，他们还把历史看作是一系列按照线性顺序持续发展的事件。然而，X采用了“考古学”方法。他关注的是事件的非连续性，伴随着“类比和差异、层级性、互补性、巧合以及转变”［参考文献］，并在时间的缝隙中揭示自己的非连续性（强调由本书所加）。

具体化指的是用更精确的语言解释那些抽象短语的含义，在这个 102
例子中，“重大改革措施”就是比较抽象的说法。如果没有做好详细说明，你的论点可能会被削弱，因为读者无从知晓你是否真的了解你自己在说些什么。在下面的例子中，如果遗漏掉了具体化就会出现这种情况。

> 重大改革措施——**重组议会，修订刑法典和济贫法，限制童工，以及工业改革**——是建立一个具有更民主的根基的英国社会的非常重要的因素（强调由本书所加）。

下面这个例子需要增加**限制条件**，这个例子也凸显了在论证中使用一般化策略存在的问题，这是我们所有人都需要留意的：

> 对不断增长的移民持反对意见者的种族主义态度是令人担忧的问题。
>
> 这是一个比较弱的论点，因为它犯了过度简单化的错误。作者暗示所有反对移民扩张的人都有“种族主义”，这个观点是很难站住脚的，尽管可能有部分反对者确实如此。即使如此，也不应假定这种“态度”存在，必须有切实的证据作为支撑，比如从反对者的公开出版物和公开演讲中摘录一些他们使用的语言和修辞。

5.7 发展论点

你的论文应该自始至终支持一系列连贯的论点。为了达成这个目的，连贯的论文结构是很关键的，并且你提出来的所有观点都必须直接和研究主题有关。

确保结构的连贯性

结构连贯性指的是将讨论的各个部分组织起来的逻辑、观点之间的互联性以及其结合在一起的方式是连贯一致的，如同第 4 章讨论的“使结构合理的原则”，还可以参见附录“开展讨论时可用的词和短语”。

关键点

当你给一篇研究论文安排结构时，请记住：你不是要分割信息，而是要将论证中的信息排序。

103 以下这些方面也需要注意。当你用章节去将论文分段的时候，记住一个前提：你不是仅仅要解决覆盖什么内容的问题，而是在建立一个论点。

（1）你为什么要按照这种顺序来排列论文的各个组成部分？这是最好

的安排吗？

（2）你打算在和整体论点相关的各节中分别展示/陈述/建立些什么？每一部分是如何推进你的论点的——各部分分别为你的立场/论点的发展做出了什么贡献？

在结构化的各种情况中——无论是整篇文章还是各组成部分——都请思考以下这些关键问题：

（1）此处我集中关注的是什么？我要涵盖什么内容？

（2）我为什么要集中于这些？我涵盖这个主题的原因是什么？

（3）我将如何推进讨论？我想讨论什么话题，并且我想按照什么顺序讨论这些话题？

（4）是什么/那又如何？我想提出的有助于推进论点的观点是什么？我的讨论的意义是什么？围绕着这些主要的观点建立你的段落。确保读者不会对你的文章做出“那又如何”的评论，这意味着你讨论的要点未能让读者领会。

如果需要偏离你的论证的主线，你应该表明这是一个经过你深思熟虑的偏离，并且给出原因，就像下面的例子：

> 在继续考查与建立这个测试项目有关的财政问题之前，简要概述一下这段时间发生的一系列导致偏离原有计划的政治事件是很有帮助的。

保持相关性

相关性指的是你的论文的总体关注点。有时候老师会在论文的边上做一些评论，例如“我无法把握所有这些要点”“这看上去偏离了这个论点的主要切入点”或者“这和主题有什么关系”这种类型的评论，这表明读者没有办法把握你的观点与你看上去可能要发展的论点之间的相关性。在确保你的立场清楚地集中于被给定的选题并且充分处理选题的核心关注点的过程中，需要确保所有的观点都和前面提出的立场相关，如同图 5－1 展示的那样。

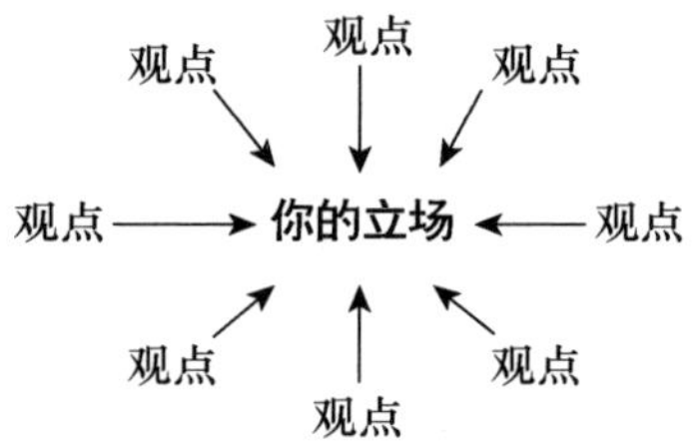

图 5－1　确保相关性

5.8 进行总结

当处在需要上交论文的压力下，你很容易匆匆了事以至于论文中没能做出一个恰当的总结。要让论文得出一些解决方案，也许可以重新向读者提及论文选题，使其有一种统一感。

记住，你是在把论文中所有的发现集中到一起，所以你不能提出一些先前在论文的主体部分没有经过讨论的新内容。在总结总体发现的时候，要避免仅仅把论文不同部分得出的结论再重复一遍。结论是另一个阶段的思考——是一种对论证过程中所揭示内容的反思，或者也可以说你从开展这个研究中学到了什么。实际上，就是尝试把你的发现推送给你的读者，以及把这些发现置于一系列新的关系之中。

问问自己下列问题：

（1）依照研究选题和我发展的立场，我认为我的研究发现中最有趣的、最重要的或者说最有意义的部分是什么？而哪些是相对不那么有趣或者不那么重要的？

（2）我的整体研究发现有哪些有趣的意义（当你问最后一个问题时，你是在进行推测，所以可以多使用一些尝试性的语言，例如“可能”“看上去”“也许”以及诸如此类，但是要确保你的推测是建立在论文中得到的研究发现的基础之上的）？

通过这些方式你可以让读者了解到你对自己研究发现的看法，也许还可以留一些有趣的内容供他们思考（还可参见第 10 章的“学位论文结论”部分）。

5.9 删减以达到字数要求

如果论文需要做出删减以符合字数要求，不要删减那些能够强化论点的细节内容——可以找找其他地方，比如以下这些（见图 5－2）： 105

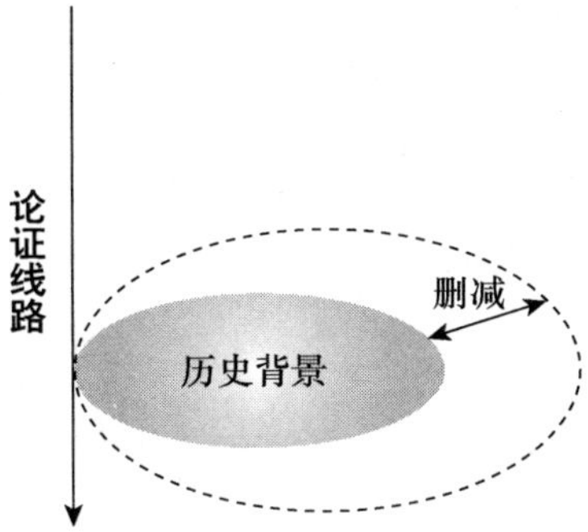

图 5－2　删减内容以符合字数要求

（1）引言经常是冗长的，通常可能写得过多，可以做相当多的压缩。

（2）冗长的论证或者讨论会成为所谓“解释性膨胀”的牺牲品，即产生了过多非必要的解释性信息，存在太多无关紧要的细节。细节是重要的，但是数量达到保护你论证所必需即可。

（3）从论文中的一些描述性或者解释性的部分进行删减也是可能的（比如历史背景），这些内容虽是必要的，但仍可以被压缩。

5.10 检查论文的呈现形式

我们在前文提及的评价论文的第四个也是最后一个标准是“论文应该以恰当的方式被呈现出来”。考虑一下下列问题：

（1）要有一个单独包含以下信息的封面（你的老师可能会给你提供）：姓名（你的姓名）；题目（准确地写出来）；课程信息（例如 AL836）；教师（姓名）；长度（被给定的字数）；上交截止日期。

（2）使用双倍行距或者 1.5 倍行距，而段与段之间的距离应该是这个行距的两倍，或者使用缩进——使你的文章阅读起来更容易。要留下适当的空白便于老师写评论。

（3）要统计一下论文的字数以确保其符合篇幅规定，因为超出字数限制可能会受到惩罚（比如会被扣分）。

（4）仔细检查你直接引用的内容的准确性（它们必须和你在资料中发现它们的位置保持一致）。同样地，所有的注释细节、表格、图形以及诸如此类的其他信息都需要认真检查。确保你的写作实践是前后一致的。认真地编辑和校对你的论文。

所有这些问题都在第 3 章“学术写作要点”中进行过讨论。

106 ## 5.11 进一步的资源

Kane, T. S. (1988) *The New Oxford Guide to Writing*. Oxford: Oxford University Press.

这是一本针对优美散文爱好者的书，通过多种不同风格的伟大作家的例子，引导你从白纸走向完成的作品，同时该书还包括一个关于论文写作的颇有见解的章节。

‘What is an academic essay?’ Sussex Centre for Language Studies.

它围绕论文的方方面面提供了简明的解释，其中涉及论文与报告的对比，且内嵌了一些其他的详细信息。这些内容对于那些经历了转专业的论文新手来说尤其有帮助。

Weston, A. (2009) *A Rulebook for Arguments*. 4th edn. Indianapoli, IA: Hackett.

基于一系列永恒的守则，本书对各类问题都通过实例进行了清晰解释，是一本关于“如何”建立有力且使人信服的论点以及如何评价他人论点的最好的参考书，但是它并不包含形式证明论证的内容。

第6章

图书或文章述评及在线写作

目标：

通过应用本章的策略、完成本章的练习、遵循本章的程序步骤，你可以有以下收获：

- 了解不同类型图书或文章述评的特征，并且能够发展出聚焦和组织一篇文献述评的能力。
- 有效管理在博客和维基上的写作。

本章继续关注其他对研究生来说常见的写作活动：在不同情境下进行图书和文章述评以及创作博客和在维基上写作。

6.1 图书和文章述评

尽管我们这里集中讨论的是书评，但是调整这些建议使之适合于期刊文章或者其他类型的文章述评并不困难。

不同类型的述评

考虑一下以下这些不同的情境：

(1) 你受杂志或期刊的邀请，就与你的研究领域相关的一本书进行 108
述评。

(2) 作为课程要求，老师期望你能够模仿专业实践完成一个书评，也就是说按照能够在报纸上发表的要求来做，在此情况下，你的关注点以及述评的类型会受到这个报纸的高端程度的影响——你需要核对这一点。

(3) 作为课程考核的一部分，老师要求你批判性地述评一些图书或者文章。

在第一和第二种情境下，你需要采纳一种适应特定情景和受众的写作风格。如果你已经有了一些可以模仿的范例，那么你可以自学任何类型的写作。在开始动笔之前，先研究一下已经公开发表的述评，以便使你自己能够适应特定报纸和期刊要求的述评应该有的基本结构、风格以及对信息的处理方式——可以运用第 2 章中的练习“掌握学科写作实践”。

第三种情境需要再详细说明一下。在写作学术综述的时候，几乎可以肯定的是，你会被要求批判性地对待已有图书和文章（参见第 2 章的“批判性地处理信息”部分）。因此你的述评不应该只是概述图书中的内容或者论点（除非你的老师明确要求你这么做）。相反，你应该交代清楚这本书打算做什么，并且评价作者在多大程度上达成了目标。要准备好给你的观点提供坚实的理由。接下来我们会详细解释需要注意的要点。

进行学术述评

下面的练习部分列出来的步骤会使你能够采取一些更具策略性的方法来进行述评。

练习：述评过程中的步骤

第一步

看一看题目和目录，并且阅读封面和引言，以便了解这本书的核心关注点以及它所涵盖的内容。

109 仔细阅读引言和/或第一章。这样做是为了确定作者的意图或者目的，明确这本书将要处理的问题、检验的假设或者讨论的议题，以及研究的范围是否受到了限制。甚至一些作者承认的局限性也能够成为你的批判性评论的材料，比如与处理材料的方式有关的局限（例如，作者排除了一些对于平衡地处理主题而言很重要的信息），在这里要确定作者是否使用了一定的理论或方法论框架，或者是否做出了一些这种类型的重要假定，因为这些框架和假定会影响作者的研究方法和解释方式。

首先快速地浏览一下整本书，扫视各章节和各组成部分的标题以及每个段落的起始句，看一眼表格和其他插图，还有索引及文献目录。试着对该书提出的论点和处理的议题有一个整体的了解。

仔细阅读最后一章，这部分包含了作者的研究结论，并且总结了这些结论成立的理由。

第二步

现在需要决定你认为这本书中需要讨论的重要方面。这些方面可能既包括你所认为的这本书所具有的长处，也包括其局限性，可能是关于内容的也可能是关于写作风格和呈现方式的。总之，写作清晰和精确有助于得出更易于被人接受的论点或讨论。

清晰地阐述你认为的优点。缺点可能主要和以下这些类型的问题有关：论证总的主旨时的缺陷——无力的证据或者有缺陷的论证；方法论、理论和模型中的偏见；对于重要议题的不平衡对待；现有观点之间的相关性，甚至是整个论证的要点（比如，它可能有点过时了）；存在于对事物本质潜在假定中的问题；讨论过于宽泛或者过于狭窄；等等。

第三步

下一步是更仔细地阅读与你认为的这本书的优点和局限相关的部分。注意你想要提出的主要观点，并且从书中确定一些可以用来支撑你的主张的关键引用或者改述材料，即便只是页码索引也是有用的。

如果你被要求在其他研究场景中对这本书进行述评，那么在你已经对这本书有了相当程度的了解之后（而不是之前），是时候读一下下面的内容了。为了使综述也适用于其他研究，问自己下面这些问题：

（1）这个研究如何成为更广泛的文献的一部分？

（2）这位作者的观点和我读过的其他研究的观点相比如何？

（3）这些论点以何种方式相同或相异？ 110

（4）这些相似点和差异之处的可能原因是什么？

（5）对于这一研究领域的学问来说，此书的贡献是什么？

（6）这本书的用处如何？它在哪方面是有用的或者没有用的？为什么？

组织一个述评

如何组织你的述评取决于你自己，但是如果你愿意的话，可以采用下面这种循序渐进的方法：

（1）首先是对你要述评的这本书进行初步鉴定（作者、题目、出版日期以及其他看上去比较重要的细节）。指明你将要在述评中讨论的这本书的主要方面——基于其优点和局限的你的关注点。

（2）接下来是对这本书的范围、内容或论点进行简要概括，比如说在一篇长度为 1 500～2 000 字的小型综述中，这一部分内容只要两到三段就够了。

（3）你的综述的核心和讨论的主体，应该是对你挑选出来加以聚焦的那些方面进行的批判性分析。确保你可以通过借助书本身或者寻找其他合适的学术资源作为证据来证实你的观点。

（4）结论是总结性的评价，即提出这本书对研究领域、对你所理解的主题以及对于学术而言做出的整体性贡献。

6.2 在线写作

老师们越来越频繁地安排一些在线写作任务，尤其是一些为博客和维基写作的任务。虽然在学术语境下这些形式对你来说有点陌生，但是它们也代表了必要时你需要掌握的学术写作的合理形式。对很多学生来说，判断这种在线写作的模式和风格是比较困难的。学生们很容易陷入一个陷阱，认为在线写作要么是一件“怎么都行”的事情，要么可以简单复制一些在研究论文中已经完成了的内容，认为这是可以被接受的。事实上并非如此。

和其他类型的学术文章写作一样，为博客和维基进行的写作也是一种具有自身惯例的专门技能——它同样需要练习。虽然我们在下文给出了一些一般化的建议，但是在开始进行你的在线写作任务之前，你应该请你的老师清楚地描述他们想要什么以及对你有何期待。

111 **博客**

在写博客的时候，你可能会被问及是要写博客帖子还是博客评论——或者都要。如果你要写一个博客帖子，那么你需要写出一篇（通常）比较短的文章，其中包含对于课程关键主题的评论、批评和反思，或者提供与其他资料的链接。你的文章应该有一个吸引眼球的题目，以便引起那些偶然经过的“网上冲浪者”的阅读兴趣，与此同时，题目还要能够描述帖子的主题。人们一般都认可博客帖子应该使用较短的段落，并且应使用要点语句——一方面帮助分解你的文本，另一方面让你的观点能够被读者理解。如果老师分配了博客写作的任务，他们可能希望你在写作中增加一点生活方面的内容，所以一定要把你自己代入其中，并且要表达你的（经过论证的）立场。将超链接、标签、图片以及其他丰富的媒介纳入其中等方法可以展示你对于所讨论的话题的投入度。

一般来说，博客的语言应该简洁明了，并且不像研究论文所使用的语言那么正式。话虽如此，有些老师可能希望你在博客上写一篇迷你的论文，并且他们只是把博客作为一个获得和分享你的作品的平台。不论如何，你在开始写作之前应该和你的老师一起理清对于语言的期待。另一个可能出现的问题是你使用的语言太过不正式。不正确的语法、拼写和标点符号在脸书留言板的评论和信息中可能是可以被忍受的，但是在博客帖子中则是绝对不能被接受的。

处理博客评论的情况稍微有点不一样。在评论帖子的时候，你不需要发起一个对话，而只需要回应或者参与一个已经由别人开启的对话。评论应该短小、重点突出、富有见解并且被严格限制在当前谈论的议题中。人们不会赞赏一个冗长的、跑题的或者荒谬的评论。你的评论应该是友好的、礼貌的以及鼓励性的，博客的主人（很可能是你的老师）完全有权利删除那些粗鲁的、侵略性的、无礼的评论。

维基

在维基上写作是一个与写博客完全不同的命题。博客是作者和其他个体对于想法和观点的回应，而维基则是通过群体协作以生产出可供他人使用的在线资源的平台。当老师希望你们在网上进行小组作业的时候，他们可能会分配给你们维基写作任务。对于一些学生来说这个任务具有十足的挑战性，更别说在这种复杂情况下再加入一种不熟悉的网络技术了。然 112
而，编辑维基的内容是很容易的，经过训练之后你将可以毫无困难地对维基词条做出一些基本的改变。

在对维基做出贡献的时候，很重要的一点是你需要记住维基的合作特性，并且你将编辑他人的成果。你的老师可以查找（和追踪）你对于这个合作练习的个人贡献。鉴于此目的，你应该为维基增加一些有意义的内容，而不是仅仅注意别人使用的错误的标点符号。你们应该清晰地组织和编写你们的维基词条；在开始编写维基内容之前，小组成员很有必要聚集在一起讨论一下最符合逻辑的内容布局。

至于语言，维基词条主要是用标准英语写作的，尽管其风格不如研究论文的语言那样正式。你应该避免使用行话，以朴素明白的方式将其解释呈现出来，并使用一些支持性的媒介如图片、视频、音频或者链接。当你要改变维基的内容时，系统会要求你为你的编辑给出一个编辑理由。如果只是修正了一个标点符号，那么你可以忽略这一步。但是如果你对别人的成果做出了实质性的改变，出于礼貌，你应该让人家知道你改变内容的理由。对于部分同学来说，其他人的工作成果是可以被修正的这一点尤其难以接受，但是如果你们能建立一个良好的小组机制，组员们就会理解项目而非个体是排在第一位的。

第7章

课程考试

目标：

通过应用本章的策略、完成本章的练习、遵循本章的程序步骤，你可以有以下收获：

- 明白不同考试方式的含义。
- 明确有效的复习策略以及应对不同类型的课程考试的策略。

考试的方法有很多。最常见的是闭卷考试，如同它的名称所暗示的，在这种考试中你不可以带任何参考资料。与此相对的是开卷考试，这类考试允许你带一些特定的资料。老师会告诉你哪些资料是可以带的——可能是笔记、书本或者是参考文献。你在进入考场之前需要组织好这些材料，熟悉材料并且对其透彻理解，只有这样，这些材料才能为你所用。提前准备是必需的。在考试的过程中，你没有时间去阅读这些材料，你只能去寻找那些你已经知道位置的相关信息，因为你对这些资料的内容已经非常熟悉了。

在家庭作业式的考试中，老师会给你一份试卷，要求你在一个给定的

114 时间内完成（可能是一个周末或一个星期）。家庭作业式的考试通常包括论述题。由于你在回答问题的时候可以充分利用各种资源（图书、文章等等），有机会修改你的答案，并且在作答时间上限制也比较少，老师对待这类考试的答题水准的期待也会高于一般考试。

预览型考试又不一样。在这种情况下，你有机会提前预览你的试卷并且在复习的时候准备答案。老师可能会告知你需要回答试卷上的所有问题，或者只有其中一部分试题会被挑选出来用于考试，当然，究竟老师会选中哪些题目他们不会告诉你。此类考试需要你在一般正式考试的环境中完成试卷。同样地，由于你具有预览试卷的优势，老师的期待也会更高。

除了有不同的考试方式之外，试卷也可以采用不同的形式，其中三种最主要的类型如下：

（1）论述题考试，通常会允许你选择一个话题来写作。

（2）简答题考试，答案通常是一段或者半页长度，有时候允许选答。

（3）选择题考试，一般要求你（通过勾选、画圆圈或者指定一个答案）回答所有的问题。

接下来的讨论关注的是不同类型考试中的不同表达要求。为了在试卷上有效地传达信息，你需要打好基础——有效地复习。

7.1 制订一个复习计划

接下来的讨论将带你走过复习过程的三个阶段。

阶段1：专注于你的计划

将复习建立在课程目标的基础之上

考试测试的是你对学位课程范围内的特定科目所拥有的知识，以及你在考试环境下应用这些知识的能力。但是当陷入长达一个学期或者一整年的课程中的细节时，很容易忘记这门课程为什么会开设，以及老师期待你从这门课程中获得什么——这些信息对于设计试卷来说肯定是很重要的。所以你首先需要确定一些信息以清晰化你对这门课程的基本原理的理解——它的范围、目的和目标，以及可能的考试范围。复习应该从这里起步。

图 7－1 指出了可以提供这些信息的资源，此外你也可以根据你的实际情况使用其他类似的信息源。

115

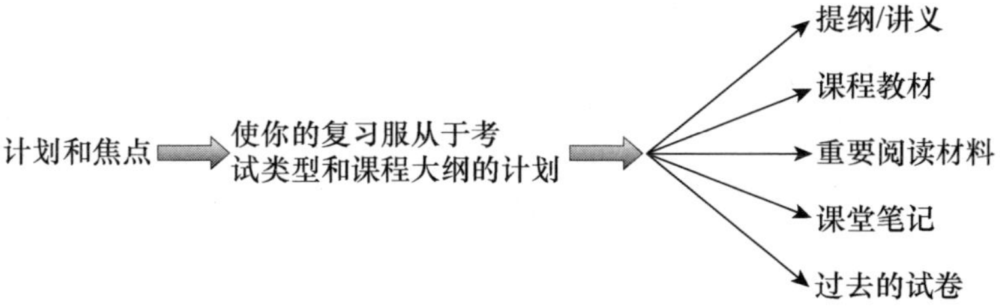

图 7－1　定位和概述一个复习计划

提纲或者讲义会详细介绍什么时候课程涉及了什么内容，通过它们，你应该明白设置这门课程的理由——它的目的和目标是什么，老师希望你从中学到什么，以及考试会考些什么。如果老师为你提供了“课程指南”的话，看一看它的开头部分。

通过浏览相关教材和来自研讨会上的重要阅读材料，或者阅读“基础”（brick）材料以及覆盖整个课程的课堂笔记，你可以弄清楚你对一些基本内容的理解是否恰当：这门课程涵盖的重要主题，这些主题是如何被分解开来讨论的（例如，如何在课程中被分解），话题焦点的主要方面，重要的议题以及诸如此类的内容。做这些事情可以为你提供对这门课程所涵盖知识的清晰概述。

复习以前的试卷

复习以前的试卷，如果你能得到的话（这对于家庭作业型的考试同样适用）。但是在这样做之前，应该确保你的试卷类型和前些年的是一样的。应该避免这样的情况：你把精力放在了复习以前的试卷上，结果却发现老师已经把试卷类型从以前的论述题变成了简答题。

在复习以前的试卷时，你是在把你自己引向那些老师可能期待你掌握的知识，思考以下类型的问题是很有用的：

（1）试卷指导语说了些什么？

（2）你需要回答所有的问题还是从一堆问题中选择若干作答？是不是某些部分的问题需要全部回答，而另一些部分的问题可以选答？有没有某些问题的分值权重是不一样的？这种情况在简答题试卷中不太常见。如果存在这种情况，那么在答题时你需要注意在那些分值较小的题目上分配的时间要少一些。

（3）如果你希望在考试中有效地管理时间，你应该制定哪种类型的时间表？

（4）你知道正在考查的知识范围吗？

（5）出题人设置了什么题目以及他们想要考查哪种类型的知识点？回顾一下课程的目的和目标，并将其与考查的内容进行对比。

你应该可以通过第一阶段所做的笔记设计出你的复习计划大纲。

阶段 2：系统化你的计划

通过阶段 1 制订出了计划纲要之后，现在你需要运用图 7－2 中列出的策略使你的计划系统化以适应密集的复习。

116

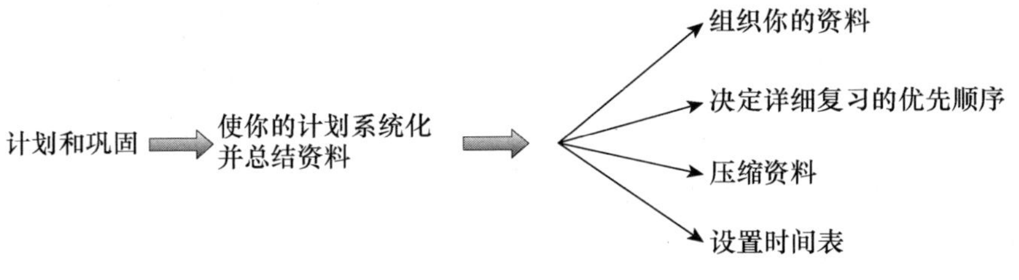

图 7－2　使复习计划系统化

复习计划的细节内容需要根据你将要参加的具体考试类型加以调整。

论述题考试

一般对于这种类型的考试，在复习的过程中你可以有所专攻，比如说集中复习本学期涉及的 13 个左右的相关话题中的 9 个或 10 个（不是 3 个或 4 个）。如果在复习以前的试卷的时候你发现比如说要求你从列出的 12 个题目中选择 3 个作答，那么就意味着你可以在复习时有所侧重。

关键点

论述题考试不仅能够常规检测你对于课程知识的掌握，还可以通过你产生论点的过程测试你对于话题的论证能力。

在确定了你打算复习的一系列主题之后，你还需要确立优先次序以便 117
为那些你认为最重要的题目留出更多时间，此外还应该建立一个时间表，这样就可以掌控自己的复习进度。

当你在压缩复习资料的时候，不要对每一篇期刊文章、重要的阅读材料、教材以及其他资源进行详细总结。相反，你应该以比较和对比为目的将这些资源联系在一起。比如说，对于一个理论主题，复习过程可能包括在以下方面记下笔记：理解理论的原理，理解理论随时间推进进行的发展，理解在这些发展过程中占据主要地位的关键人物，理解对这个理论的批评及其理由，理解这个理论的支持者是如何回应这些批评并支持自己的观点的，理解这个理论的解释性和/或预测性价值，理解它的局限性和优点及其原因。

关键点

使用流程图、图表和其他可视化手段去凝练并划分那些从资料中得到的具有可比性的结果。

利用你的资源去摘录出那些无论设定的特定考试主题及问题的具体取向是什么都能够很好地为你所用的重要信息。

如果你想产出一个论点，那么通过处理以下问题来理解一些或一系列相关议题也是很重要的：

（1）学者们同意或者不同意的点是什么？

（2）你是否清楚他们同意或者不同意的原因？

你的复习方法要保持充分的分析性。在复习的过程中就要决定你对于一个主题或者话题的观点及其理由，除此之外，还要决定你可以利用什么资源来支持你的观点。在考场中你没有时间来整理你的立场——不管你同意或者不同意其他学者的论点。

借助上面这些方法，你应该可以在话题涵盖内容的广度和深度上取得平衡，这对于任何考试来说都很重要。你肯定想要把你对于课程主题的既有充分批判性，同时又不失广泛性的理解带入考试中。

118 *简答题考试*

上文提到的一些建议也适用于简答题试卷，尽管后者可能不会让你选择话题作答或者期望你进行持续的论证，但你还是需要确定优先顺序，制定时间表以便掌控复习进程，以及对资料形成批判性的见解。通过在阶段1复习过去的试卷，你可能已经确定了这类问题的特征、考查知识的类型或者能够较好地回答问题所需要的信息类型。

关键点

简答题类型的试卷一般聚焦于问题解决、概念或问题界定、模型、设计原则、知识应用等等。

比如对于问题解决型的题目，你在复习过程中就应该练习解决问题，仅仅透彻地知晓你的复习材料是不够的。先在复习材料中确定一些需要集中应对的关键问题，然后在复习的时候问你自己以下问题：

（1）为什么这是个问题（确保理解每一个问题的不同性质）?

（2）哪种策略（比如公式或者技术）能够最好地解决问题?

（3）有没有一种以上的可行策略或途径?

（4）为什么你更倾向于这些策略和途径而不是其他的? 做好准备证明你的选择的合理性——给出选择的理由。

你可以采用流程图、图表、表格或者示意图等任何一种有吸引力的方法沿着恰当的途径（比如以问题集的形式）精简材料。

选择题考试

选择试题通常被设计出来用于检测你在某一学科领域的知识基础的积

累水平如何。复习中最费力的部分可能在于细微差别方面。在考试中，正确的答案可能依赖于理解语言的微妙差别，所以如果英语不是你的第一语言的话，你应该尽可能多地做练习，并且可能需要把你的答案和同一课程中以英语为母语的朋友的答案进行对照检查。

关键点 119

选择题测试的是精细的知识和见解，它给出的问题需要对于定义上的细微差异的认知以及对基础概念、模型、过程的阶段或阶段顺序、因果关系、比较和对比、解释等的理解。

在复习的时候，积极寻找微小的差异、意义上的细微差别和悖论以及不确定之处。然而，对于所有的考试来说，你被测验的是你的一般性知识，所以应该避免为了对少数几个话题的详细而狭窄的理解而牺牲理解的广度。按照经过深思熟虑设计出来的复习时间表来安排你的复习任务的优先次序。

经过阶段 2 之后，你应该可以得到一个包含了示意图、轮廓图等能够描绘重要关系和进展的视觉材料的精简笔记。

阶段 3：检验你的计划的有效性

现在是时候采用图 7－3 中的策略来检验你的复习计划的有效性了。

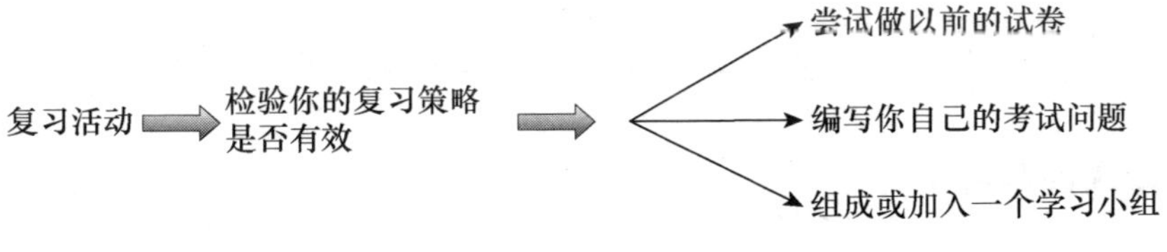

图 7－3　检验复习计划的有效性

上文给出的策略中特别重要的一个是，在可能的情况下尝试着做一遍以前的试卷。在这一阶段你的大部分复习应该已经完成了，所以把你的知识应用到测试中是很有帮助的。这肯定会凸显出你为考试所做的准备的优点和不足。你足够清楚该如何回答这种类型的问题了吗？你认为你能够在 120

给定的时间内完成试题吗？

老师可能已经准备要查看你的练习试卷并就你的进展情况给出反馈，但是如果你们的考试是选择题形式的，因为它的题目是一年一年循环的，所以你没有机会得到往年的试卷，这样的话你只能完全依靠自我问答策略了。和几个朋友一起加入一个学习小组有助于进行互相提问，当然如果你在家庭或者工作中还需要承担一些其他义务，或者你是在校外学习，要加入学习小组可能比较困难。

7.2 考场策略

在大多数考试中都有一段“允许研读时间”，也就是在考试正式开始之前你会有10到15分钟的时间来浏览试卷。在这个阶段我们应该激活图7－4给出的策略。

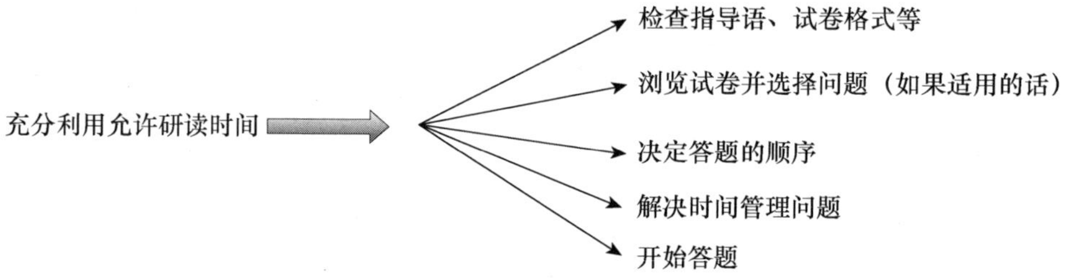

图7－4　充分利用允许研读时间

解读试卷指导语

仔细阅读并严格遵守试卷指导语。如果你需要选择作答题目，你需要再一次仔细阅读选择指导语——你应该不想误解了这些指示。通过突出关键词来弄清楚每一个题目在测试什么（在考试时带一支记号笔）——你必须非常仔细地阅读所有问题。现在可以做出选择了，在此处不要耽搁。

决定答题顺序

决定回答问题的顺序。如果你需要回答所有的问题，最简单的就是从第一题开始作答。但是如果需要选择的话，你可能会觉得你对某些题目比对其他题目更有信心，那么就选择回答那些你最有把握的题目，看看是否可以节省一些时间，把时间留给那些你相对缺乏信心的题目。 121

你要在你试卷的答案上方标明你是在回答哪道题（例如问题 2 或者话题 B3——使用试卷中的确切用语）。如果你不是按照出题顺序来答题的，那这样做就尤其重要了。应该防止读者产生混淆。

制定一个时间表

在考场中时间应该被严格掌控，所以要带上手表。在做准备工作期间就制定出时间表，依需要作答的问题数目及其权重百分比计算出给每一道题目分配的时间。比如说，在一个时长为 3 小时、共 20 道简答题、每道题目权重相同的考试中，意味着你需要给每个问题分配约 9 分钟的时间，但是如果权重比例不一样，那么你可能会决定，比如给某些题目分配 12 分钟，但只给其他题目 2 到 3 分钟。或者如果你需要在 3 个小时内写 4 个论述，那你给每个论述的时间大概就在 50 分钟左右。如果你的整个试卷有 120 道选择题而你需要在两小时之内完成，那么你做每一道题的时间就应该大概是 1 分钟。

考虑一下以下这些策略：

（1）在制定时间表的时候从给定的考试时间中留出 10 分钟。这会在答卷结束后留下一点空闲时间，至少可以让你对整个试卷过程中没有完成的答案以要点的形式写下一点想法。

（2）当你在作答选择题时在时间过去一半的时候在试卷上做上标记，最好是用明显的斜线标记使之能够凸显出来。这样做可以提醒你时间是如何流逝的。

在“允许研读时间”内开始答题

如果你在这一阶段还有一些多余时间，你可以开始答题。写下一些笔记，比如在论述题考试的情况下可以在试卷（而不是答题册）的边缘概述你第一题的答案。

7.3 写试卷

无论考试的类型是什么，你都要确保你努力做了所有被要求作答的题
122 目。此外，对时间的定期监控要贯穿考试始终——要坚持你在“允许研读时间”设定的时间表。如果你开始落后于时间表安排的进度了，那么你接下来要快速前进，看看是否可以在试卷的其他地方把时间补回来。如果你较早地完成了试卷，那就再次通读答案进行最后的编辑。

关键点

在回答问题时应该使用题目中实际给出的单词/短语，这么做可以让你的答案与题目要求保持协调。

论述题试卷

对于论述题，在写作之前最好先做一下计划。缺乏计划可能会加剧以下倾向：重复，提出观点困难，使用过多细节导致话题的覆盖面太狭窄（仅仅极为详细地讨论了少量要点，但是很多其他重要的部分都被忽略了）。

关键点

真正重要的是论证的质量，而不是数量——即你写了多少。

比如说，如果你在3小时的考试里需要写三个论述，那么每个论述就有一个小时的时间。在分配给每个题目的1小时时间内，花10分钟制定

一个如栏目 7.1 所示的那种初步的短文提纲。

个案研究案例

栏目 7.1　为考试写作制定一个提纲可以帮助你不偏离论点

引言： 用两三个句子指明你的论点是关于什么的（你对于试卷设置的问题所持的立场），以及你准备如何为你的讨论排序，如使用“首先我要讨论的是……接下来我会……最后，我……”这类的格式。除此之外，也许还要提供一些必要的对于词语或者短语的概念界定等等。引言应该简洁并且切中要害——重要的是你的论证。 123

文章的主体： 简单记下你准备围绕哪些主要想法或观点组织段落。思考一下你想按照什么顺序展示它们：主要想法 1……主要想法 2……主要想法 3……等等。其中有些观点可能需要好几个段落来阐释。想想你打算使用什么证据来支持你的想法。

结论： 用 3～4 个句子总结一下你在论证过程中得出的要点——在对讨论进行完善的过程中，可能需要返回到题目或者问题中去——从题目本身引用一些实际的词汇或短语。

记住，没有必要在考试中一刻不停地写。你的成绩取决于答案的质量，而不是你写了多少页。

简答题试卷

对于一份简答题试卷，你也需要在动笔写之前留一点时间思考一下答案——同样地，你没必要一刻不停地写。对于简答题来说，答案需要相当简洁。你可能只有一段到半页左右的空间来写答案（或者你可能被要求画一个模型）。要把各个要点清楚地区分开来（比如，第一，第二，第三），并围绕着你想要发展的观点建立段落（参见第 4 章的“有效撰写段落”部分）。

选择题试卷

如果考试是选择题的类型，务必仔细阅读每一道题目及其备选答案。

要注意如果你给出了错误的答案会不会被扣分——这会在试卷指导语中提到。要避免选择了最先看到的看上去正确的答案之后就不再看其他的选项了。有的题目可能有好几个正确答案（也就是说，“以上皆是”），也可能没有正确答案（换言之，“以上皆不是”），或者只有一个部分正确的答案，其中一个选项相对其他选项来说更为完整和准确。

124 要注意那些会影响题目意义的关键词——强调性词语如条件（“如果”“当”）、情态动词（“或许”“可能”）或者修饰语（“从不”“总是”“有时候”）。如果你回答不了某一道题，那么继续做下一道——在试卷结尾处你可以回过头再去处理那些还没有完成的题目，这时候你就知道还剩多少作答时间。在答题的过程中你就要把那些尚未回答的题目清楚地标示出来（比如用一个色彩明亮的点），以免在临结束阶段还要浪费时间来寻找它们。

第8章

文献述评

目标：

通过应用本章的策略、完成本章的练习、遵循本章的程序步骤，你可以有以下收获：

- 认识文献述评的目的和功能。
- 学会查找用于述评的文献，管理阅读，批判性地评价文献，加工信息以推动写作等方面的策略。此外，还可以避免一些典型的不足。

为了减少和文献述评联系在一起的一些典型挑战，文献述评的写作过程应该孕育在搜索、阅读、批判性评价和信息加工这些步骤之中。然而，如同所有的学术写作一样，首先你需要弄清楚该类型写作的目的和功能。

8.1 文献述评的目的和功能

黛娜·泰勒（Dena Tylor）的描述很好地抓住了文献述评的关键目的：

126 文献述评就是针对可信任的学者和研究者围绕一个主题所发表的成果进行描述报告……在写文献述评的时候，你的目的是要告诉你的读者关于某一话题已经建立了哪些知识和观点，以及它们的长处和不足是什么。作为一篇文章，文献述评需要由一个主导性概念来加以界定（比如，你的研究目的，你将讨论的问题或议题，或者你的论证主题）。它绝不仅仅是关于手头资料的一个描述性清单，或者一系列摘要。（未注明日期）

简而言之，一个“有效的述评能够为推进知识打造牢固的基础”（Webster and Watson，2002：xiii）。

关键点

文献述评从以前已经做过什么这一角度为你的研究提供根本理由，并为你的研究的价值和重要性提供辩护。

文献述评的写作任务

为了满足文献述评的目标，你需要承担以下类型的写作任务（取决于你的研究的特性）：

（1）通过对文献的全面了解来表明你已经对文献有了透彻的批判性理解。也就是说，你需要批判性地评价和你的研究相关的已有文献的优缺点。

（2）指出已有文献的缺口，找到仍需要被进一步解决的问题或者讨论的议题等等。

（3）将一个特定体系或多个体系的文献的重要主题和论点聚集起来。

（4）在文献回顾的过程中发展论点。

（5）展示你的研究是如何与已有研究相适应的，以便证明其价值并传达出你所做出的贡献的性质（有时候这需要在单独的章节论述）。

述评的模式和取向

在一个正式的文献述评中，述评的模式意味着从文献回顾转向为建立你自己的观点而整理的要点。就像下面这样：

> （**从：**文献回顾）→（**到：**为了发展你的论点而从文献中摘录的要点）

简而言之，在写作文献述评的时候，要密切关注文献。 127

所有的文献回顾都有一个强烈的研究取向，它们都会与相关研究紧密结合并展示学生个人的研究是如何与之相适应的。然而你的述评可能会有双重取向：研究取向以及实践或者专业取向。尽管发展论点在文献回顾过程中是一个标准惯例，但是产生一个贯穿始终的持续的论点在那些有较强的专业取向的述评中更为常见。正如下面这个学生的例子，界定并确定能“产生最有益影响”的干预措施显然需要持续的论证：

> 本文回顾了关于非胰岛素依赖型糖尿病（NIDDM）在土著居民和托雷斯海峡岛民中的高发性，以及这些社群中的糖尿病病因的流行病学文献。在考察了关于病因的不同论述之后，接下来便是学者们建议的与之相关的干预措施。本文的目的是**要明确能够产生最有益影响的干预方式**。寻求问题的答案时，既要考虑原因也要考虑行动。（强调由本书所加）

你可以模仿这位作者的做法，他没有掉入从文献中获得支持发展观点（如在论证中）的陷阱（很像第 5 章“研究论文”里讨论的正式论证），除非你的老师要求你这么做。相反，你应该在回顾文献的过程中让你的观点自己涌现出来——始终把文献放在突出位置。

在了解了什么是一篇正式的文献述评之后，接下来的步骤是查找恰当的文献。

8.2 利用图书馆和网络资源

学术文献有两个主要的来源：你所在机构的图书馆以及网络。由于不确定应该如何使用图书馆数据库，你可能倾向于依靠网络作为学术资料的主要来源。这种策略的问题在于你会很容易花费很多时间来评估一些条目的学术合法性，其时长会超过找到它们所需的时间。即便使用谷歌学术，也无法确保你查找到的文献在性质上是学术的。而且，机构的图书馆拥有的资料几乎肯定是学术类的和/或经过同行评议的。

你的机构图书馆

如今的图书馆不再仅仅提供专著和期刊。数据资源日益成为图书馆藏
128 品的一个核心组成部分，很多最新期刊甚至一些报告仅以电子方式发表。由于学术资料的发表形式多种多样，所以很重要的一点是你应该知道如何使用图书馆的馆藏、目录尤其是一些专业数据库来帮助你查找资料。

大多数图书馆都会提供一个关于其馆藏内容的参观活动，大概一个小时就能结束。从你的最佳利益出发，你应该报名参加一个这样的参观活动。或者有的图书馆会提供那种虚拟观光，你可以自己选择时间参加。在你的学位课程的开始阶段，参与一个指导如何充分利用图书馆目录以及如何查找所在学科或专业领域的研究资料的图书馆工作坊是很明智的。通常学科专家或者/和研究生专业人士会推动这类工作坊，没有什么比能够接触到一个专家更好的事情了。

关键点

对图书馆目录有一个扎实的了解能够帮你在定位相关文献时省去数小时的挫败时间。

很多学生都没有充分利用好图书馆的全部潜能。部分学生只关注那些他们可以从书架上拿下来的实体性资料，然而，重申一遍，如今很多学术资料只会以电子版的形式发表，不探索这些资料就意味着你会错过所在领域的最新进展和观点。其他同学则压根不光顾那些实体资料，他们只偏好搜寻那些可以用自己的电脑阅读或者打印出来的数字资料。尽管你可以找到和你的选题有关的最新资料，但是这种方式会影响你追溯一个观点的起

源的能力，这反过来又会无法展现你对于文献的充分投入。

在使用机构图书馆的时候，你应该立志成为一个非常全面的研究者。

关键点

你应该明白在网络上查找资料并不等同于搜索图书馆的电子目录。

网络 *129*

除去上文提到的那些局限性，网络可以作为一个有益的工具来帮助你查找一些发人深思的文章、不常见的视角以及一些能够帮助你拓展文献评论的观点。

谷歌学术可能是公认且最常用的在线搜索学术文献的资源平台。在使用谷歌学术的时候，已经有一个潜在的算法提供了对于资源是否具有学术性的“最好的猜测”。接下来就轮到你来评估这些资源的学术权威性了。不过，谷歌搜索可以发掘出大量有用或者有趣的引用供你继续追踪。

然而，不要将你自己局限在谷歌学术上。如今有大量的学术资源正在通过其他数字形式发表和聚集，所有这些资源都可以通过标签和搜索框找到。比如，很多学者使用**博客**，从中既可以找到关于有用的资料的链接，又可以发现关于文献的不同视角（你可以使用谷歌博客搜索来找到博客）。**推特**也是一个颇有价值的能够提供近期文献的资源平台，特别是一些推特用户会非常勤勉地分享一些关于报告和期刊论文的链接。学者们也会在诸如 **Slideshare. net** 之类的地方分享他们的幻灯片和演示文稿，快速搜寻一下这些资料可能会为你提供大量有用的引用信息。搜索他人的**在线书签**同样大有裨益，你可以在 Delicious. com 或者 Diigo. com 上寻找和你兴趣一致的用户，然后浏览他们的书签。很可能他们有大量和你的研究相关的“收藏夹”（favourite）网站。

你需要记住，虽然这些资源能够提供一些刺激的、令人兴奋的资料，但它们之中没有一个是经过同行评议的。你不应该仅仅依赖于网络来寻找学术资料，无论多么困难，使用大学图书馆都应该是首选。

如果你攻读的是一个周期较长的研究型学位，你需要不断“更新”资料搜索，直到提交了学位论文。唯有如此，你才能确保没有错过任何相关的最新出版物。

8.3 策略性地管理阅读

文献涵盖的范围当然取决于你的学位等级以及你的研究特性。对于一
130 篇较长的论文，你需要提供对所有相关文献的全面述评，如果有特别的要求，述评甚至可能是百科全书式的。而对于比较短的论文或报告，你至少需要做到以下两点：(1) 聚焦于这一领域的关键作者（你可能没有办法全面考察该领域的所有作者，所以把关注点局限在那些对于该研究领域的发展做出了杰出贡献的作者身上）；(2) 涵盖最新且能够获得的相关出版物。但是，务必要向你的论文导师咨询他期待的文献涵盖范围。

如果你可用的文献数量不足，那么挑战在于如何批判性地评价这些文献以精确地展示学者们已经做了些什么，还有什么没有做，你将要填补哪些空白，以及为什么这样做是有用的或者重要的。或者，如果你手头有一个被明确规定的项目，你阅读的是本土化的、有限的文献，那么挑战就在于如何将研究置于更为广泛的知识基础之上。

再或者，你可能处于这种情况：你刚刚开始攻读研究型学位，因此还没有确定你将要从事的研究主题。如果是这样的话，你可以为了不同的目的来阅读，如下：(1) 通过早期阶段的略读（参见第2章的“精读和略读”部分）来发现围绕你的学科的文献或者文献体系发生了些什么，也许还能确定一个合适的研究主题（近期发表的论文总结部分提出的未来研究方向也很值得查阅）；(2) 通过更加具有针对性的阅读使你的项目更为精炼；(3) 在评价与你的项目直接相关的文献时进行精读。你可能会发现自己不止一次地循环使用这些阅读模式，接下来我们将进一步逐项讨论这几个模式。

发现模式

在采用发现模式阅读时，做非常详细的笔记并不是一个好主意，因为你只是在尝试对文献在讲些什么有一个总体的概括性了解，以便找到可以切入的突破口。所以更可能的情况是，你只是浏览性地扫过大量文献。

不过，在此阶段你会逐渐认识到围绕你所在学科的知识体系是如何随着时间的发展而演进的。所以开始进行有用的分类吧。你可以围绕任何可能与你的研究相关的事项来对已有研究进行分组，如程序、理论、模型、方法论、感兴趣的研究主题（可能在不同的场景下）或者其他任何能够补充你的（可能的）研究兴趣的东西。这么做既可以让你以一种有意义的方式来区分信息，还能够记录那些你以后可能还想回过头来仔细查阅的资源。你可以尝试使用头脑风暴或者思维导图的策略（参见第 4 章的“材料的可视化图谱”部分）来把信息进一步分解成块以供阅读。

精炼模式 131

如果你所在的研究领域需要进行持续性的测试或者试验，也许要持续 1～2 年的时间才能确定你的研究，那么栏目 8.1 中提供的精炼问题——可用于在基于关注点、目的和方法的阅读中逐步精炼你的主题或计划——也许并不那么有用。

如果不是这种情况，你就可以在阅读的过程中写下对这些问题的答案。当你在文献中走得更远的时候，你的答案也肯定会随之改变，由此加深并精炼你对于研究主题的理解。

个案研究案例

栏目 8.1　精炼问题

价值与贡献： 在你的研究学位等级中，从事这个研究为什么是重要的？你期望你的研究做出的学术贡献和实践贡献具有什么特性？

是什么（研究焦点）：你的调研主题具体是什么？你的研究项目的焦点具体是什么？你具体准备做些什么？你准备执行哪些工作？

为什么（研究目的）：你为什么要涉及这个话题或做这项工作？驱使你展开调研的重大问题是什么？你最初的目标具体是什么？如果你建立了假设的话，这些假设是如何与你最初的研究目标或研究问题相关的？巩固你的研究的辅助性问题或目标是什么？当你想到这些问题的答案之后同样要记下来。

怎么做（研究方法）：你准备怎么实施这项研究：方法论？模型？理论框架？田野工作？数据收集工具？实验或测试程序？档案研究？其他方法？采用该研究方法有何合理性？这种研究方法将如何帮助你达成研究目标？

评价模式

你越是能够精炼你的选题或计划，就越容易确定哪些资料与你要研究的主题直接相关。现在你要以一种完全批判的态势处理你的资料了（参见后文“对文献的批判性评价”部分）。

在第 3 阶段同样会出现略读，因为并非总是很容易就能够从摘要或者引言中判断一个资源，或者资源的一部分是否与你的研究相关，或者在多
132 大程度上相关。你不想浪费太多时间来阅读，比如说，一篇长达 30 页的文章中可能只有少量几页是直接相关的。策略性的阅读能够帮助你在精读和略读之间找到一个较好的平衡点。

当你在开始更加具有针对性的精读之前，一定要想清楚你想从这种阅读中得到什么类型的信息。在正式开始阅读之前你可能无法详细知晓将会发现什么，但是这并不影响你想清楚你期望从精读任何一种特定资料中收获什么。

8.1 对文献的批判性评价

对文献进行充分的批判性阅读是所有文献述评的必需步骤。你既要避免在写作的时候对文献进行单纯的描述，又不能成为超然的观察者来展示关于一个世界（文献）的非常复杂的图景，这种方式虽然可能很让人兴奋，但是它是浮于你自己的研究之外的。如果你还没有接受过批判性评价的训练，那么你可以参考栏目 8.2 中的“批判性评价清单”，它详细地论述了在对文献进行阅读和做笔记的时候保持批判性方式的实践方法（还可参见第 2 章的“批判性地处理信息”部分）。

个案研究案例

栏目 8.2　批判性评价清单

对围绕你的学科的知识体系状况形成总体了解。有哪些是人们已经知道的？有哪些是尚未知道的？我们认为我们知道些什么？我们认为我们还有哪些是不知道的？文献中有哪些部分看上去是矛盾的、有争议的、有问题的、不确定的或者不完整的？在写作文献述评的时候，这种类型的批判性信息需要被细致地辨别出来。

保持平衡的视角。鉴定被述评的研究中哪些内容是有用的，如你可以利用的优点以及你遇到的任何研究问题或空白。批判性评价通常既包括对于学者们所做贡献应有的认可，又包括对他们作品的批评。

保持开放的思维。在研究文献的时候，即使你觉得已经知道了答案，依然要开放性地对待其他的可能性。这么做能够确保你不会错失那些会启发你修正、改造甚至舍弃原有观点的重要信息。简而言之，在阅读文献的时候只怀有一个目标——即寻找能够支持一个预先决定的立场或主题的信息——并不是一个好主意，然而不幸的是，这种事情经常发生。

133 **保持健康的怀疑主义。**这包括寻找偏见、问题等。研究设计有多牢靠？仔细思考理论、方法论、模型以及其他所有会影响作者的解释的东西。在研究路径上有没有什么问题？如设计原则、测试或者实验程序、所使用的数据收集过程及工具等等。检查术语和概念，如果需要的话使用专业的词典或者工具书。清楚的概念界定在所有的学术交流中都至关重要，在这方面存在问题吗？

识别和评价关键的争论及议题。在阅读的过程中要提问题，比如：重要的争论是以什么问题为中心的？关键的议题是什么？谁是争论中的核心人物？在多大程度上作者们同意或者不同意这些争论，原因是什么？他们的论证是否有力？他们的证据质量如何？对于呈现的数据他们的解释合理吗？你如何评价，为什么？记下你的立场和采取这种立场的原因，以及你发展出来的观点及支持这些观点的证据，当你在写文献述评的时候，会发现这些做法非常重要。

绘制作者的观点。绘制思维图、图表，或者任何适用于将作者研究发现的相同点和不同点标绘出来的东西。在文献述评中仅仅展现这些不同之处的数量是不够的，你需要解释是什么造成了这些差异，或者为其提供可能的理由。一个适合开始寻找解释性理由的位置是研究设计部分。这个设计有多牢靠？

使你的研究与文献保持关联。有没有以下问题：仍需要解决的问题，需要再次处理的议题，需要注意的已经发生变化的环境，可能会改变我们理解的新视角，需要做出的改进，需要填补的研究空白，这些研究空白是什么，你的研究为何适合于此，确定你的立场是什么以及为何会持这种立场，并为了这一目的做好笔记。

8.5 加工信息以推进写作

不去适当考虑你用来加工和储存信息的方法是否有助于文献述评写

作，是一种错误的做法。直到真正开始写作之前，你都不能停止思考如何发展和组织你的述评。我们会提供一些建议，但是你务必还要和导师、其他学者以及攻读更高学位的学生一起讨论这个问题，他们可能会给你一些更有吸引力的建议。

加工信息 134

虽然对导入的数据库进行**关键词搜索**在识别所需信息方面很有用，但是它是一种并不涉及批判性评价的处理策略，在阅读时标出文本也是一样。

文本注释

把你的观点、看法、疑问、不确定之处记下来，并在你正在阅读的论文的前面总结出文章要点，这是一种很好的处理策略。如果文献的数量较少，比如只有差不多 30 篇，那么这种类型的策略可能就足够了，但是如果文献数量较多的话，可能还需要补充一些更广泛的策略。

分类索引

这些方法可以使你在记录对原始资料扼要的批判回应的同时对相关资源进行分组，这对于写作人文和社会科学这类相对不那么结构化的论文的学生很有吸引力。有的学生会使用 Evernote、Mendeley、Zotero、Word、Excel 和 EndNote 等建立索引，而另一些学生则更倾向于使用索引卡片箱。你可能会围绕着你研究的核心关注点比如主题、观点、概念、方法等，建立一个或者多个索引（参见图 8－1 假设的示例）。

书目索引	主题索引：安乐死
Brown, P. Z. (2006) 'Living to die: debating moral right'. *Philosophy Today*, 12: 4, pp. 234–65. 包括你自己的评价性评论（可能与其他作者的观点有关），加上一些你感兴趣的直接引用或者改述。 还要注意你是否全部或者部分影印了这篇文章。	Brown, P. Z. —用哲学方法分析安乐死实践——非常好。 Chin, K. —参见书目。直接引用（有趣的案例研究）。 Parker, T. Q. —医疗从业者面临的困境——较好地涵盖了"医疗"议题。 Paque, J. —看待安乐死支持者的一些不寻常视角（是的，参见书目引用部分的改述）。 Smith, S. T. —对于 Parker 的微弱挑战。

图 8－1　为不同类型的信息编制索引

批判性阅读报告

批判性阅读报告就如同篇幅仅数页的迷你文献述评，它围绕着比如说四到五篇和你研究主题的特定方面有关的论文（通常有竞争性的观点）展开。这些批判性阅读报告有独特的优势，它们有助于建立信心，通过实践减轻焦虑；它们就哪里需要进一步改善提供早期反馈；它们对含糊不清具有矫正作用，因为写作会促使你透彻地思考材料；它们可以帮助你设定与导师就研究走向、想法和挑战等主题进行的面谈的议程；最重要的是，它们会为你的文献述评提供养料。

135 尽管你会因为改变研究方向放弃一些报告，但是写作行为本身可以加速研究计划的精炼过程，因为它可以在使你聚焦于不断发展的研究兴趣的同时过滤掉一些你不想进一步卷入的问题。

矩阵法

矩阵法在许多研究领域都是一种流行的方法，特别是在那些将证据为本的研究作为规范的领域。虽然矩阵法很有用，但是有时候它读起来像是没有进行任何实际加工的、对研究文献的索引或者量化总结，所以要经过深思熟虑后再来建立矩阵，而这很容易做到。你可以谷歌搜索“文献述评的矩阵方法”来找一个范例（还可参见第 1 章的“进一步的资源”部分）。

软件

如果你倾向于使用技术并且热衷于使用电脑软件，那么你应该读一下席尔瓦娜·迪·格雷戈里奥（Silvanadi Gregorio，2000）的有趣文章，这篇文章关注到了不同的软件包，并且讨论了使用 NVivo 来进行文献述评的分析优势。NVivo 可以对定性资料进行深度分析。如果你的研究在性质上更偏向定量，同样有一些特定的软件是基于你的学科目标来设计的。咨询一下老师/导师和实验室同事，了解你们系使用的软件是什么，什么软件可以帮助你在文献述评时分析数据。利用一些在线软件如 Evernote、Zotero 和 Mendely 也可以达成这些目标，前提是你一定要能够很好地使用标签。

加工和组织

在阅读、加工和储存信息的过程中，要记住研究的特征、目标和设计会对你如何组织述评产生形塑作用。接下来讨论的各种选项，展示了学生们组织他们特定研究兴趣的方式与他们加工信息使之便于搜索的方法之间的相互联系。

按年代顺序排列的方法

按照其面世的时间顺序来回顾不同的研究或者研究阵营是一种恰当的方法，比如说，实践证明，在你的研究中比较详细地绘制能够展示一段时间内所取得的技术或理论进展的图表是很有必要的。

关键主题、概念、议题或争论

围绕着关键主题、概念或者议题和争论来组织述评是恰当的，就像下面这位学生的做法：

> 这篇围绕市场改革主要争论的详细文献述评的目的，是将与政策发展和实施相关的一系列特定问题分离出来，这是本文的核心关注点。

即便如此，文献述评的结构也会进一步受到研究领域自身发展轨迹的 136
影响，就像下面所举的例子中另一位学生指出的那样：

> 由于这些议题是在文献中被分开讨论的，而不是按照关系被组织起来的，我将会在我的述评中沿用这种方式。

方法论途径

也有可能方法论本身就是论文的首要兴趣点。比如说，某篇博士论文的文献述评章节只有四个主要组成部分，每一个部分的开篇句子都清楚地声明了在这一部分将会阐释方法论的某个侧面，以及就论文的研究目标而言这么做的原因是什么。

8.6 文献述评中存在的缺陷

有时候，即使是一篇写得很好的文献述评也可能在一个或多个地方出现以下类型的缺陷。

读者阅读需求

如同所有的学术文章一样，你应该注意不要让读者感到挫败或者疏离。在内容方面他们可能是专家，但是你仍然需要通过在必要的情况下把讨论置于上下文情境中来帮助他们把握你的综述的目标和组织方式，此外，文中还应该包括充足的指示（还可参见第 3 章的“关注读者的需求”部分）。

文献中互相对立的研究发现

在阅读文献时仅仅注意到研究发现的差异是不够的，你还需要对此做出解释。解释不会不证自明，所以应该深入挖掘——在研究设计阶段就应该开始。下面是一个学生在她的文献述评中解释对立的研究发现的例子：

> 这些相互对立的研究发现显示了关于经济增长引擎的不同假定。X 和 Y 的假定是增长的动力来自每个工人的平均资本量，然而实证论文则假定增长的动力来自劳动力参与，即工人的素质与工人的数量。（经济学）

非常重要的：“那又如何?”

如同在论文的其他部分一样，文献述评部分也需要你提出你的讨论的意涵是什么，就像下面这位学生所做的一样：

137 尽管这些不同的观点提出了关于冲突发生原因的有趣见解，但是所有这些看法都没有充分认识到该地区根深蒂固的种族关系紧张这一严峻问题是旷日持久的紧张关系的显著原因。（政治史）

如果读者遇到一篇很好的文献分析，读过之后却发现自己在怀疑“这篇文章的意义是什么”以及“为什么会给我提供这个信息”，那是很让人沮丧的事情。

你的研究如何与已有成果相适应

把文献述评与你手头的研究分离开是有问题的。人们可能期望你把关于自己研究的详细讨论放在文献述评之后的一个独立部分，然而更可能的情况是，你需要在述评的过程中展开批判性评价的关键点时便把你的研究和文献联系起来。对于提出你将要阐释的关键议题与问题，并且传达你的研究价值及预期结论而言——所有这些对于获得博士学位或者专业博士学位来说都是必需的——这是一个很有用的策略。

要在一个合适时机指明你的研究是如何与先前研究联系在一起的，就如同以下这些来自有代表性的不同学科的学生所做的那样：

社会学：

对于竞争者的动员和组织给予的关注是不充分的。如同上述批评所表明的，本文将尝试修正这一不足，将对群众动员政治学以及政体与其竞争者之间的斗争保持更高的敏感性。

计算机科学：

现在我们还不清楚应该给这些结果多大的权重。而且，目前为止已发表的大部分研究成果都假定了搜索服务器之间的合作，甚至假设其运行了同质的检索系统。与此相对，X（参考文献）和第 5 章对比了 vG1OSS、CVV 和修正的 CORI。这些实验模拟了一个服务器不合作且运行不同的检索系统的环境。

心理学：

X 的研究的优势在于她的观察是基于研究视角而获得，而这一研究视角是在对单一文化的老龄群体进行类型学研究的长期调研过程中建立起来的……X 的研究对于本文的研究目的而言非常重要，不仅仅是因为……更重要的是，其研究的广泛覆盖性突出了老龄经验改变以及公众对这种改变的理解背后的系统性变迁。

语言学： 138

X 和 Y 区分了大量子范畴，但是这一做法不足以反映情态的整体功能。这样的划分会继续产生更多的子范畴，例如生气、犹豫、悲伤等等。因此，对情态的分类应该建立在情态功能的性质之上，这与句子想要处理的问题相关。情态的分类是本研究的目标之一。

植物学和动物学：

这篇文章报告了旨在将此项观察扩展到谷物类和牧草类的实验（见章节 1.5）。

8.7 进一步的资源

Fink, A. (2009) *Conducting Research Literature Reviews: From the Internet to Paper*. 3rd edn. London: Sage Publications.

这是一本伟大而实用的书，它通过带领你搜索网络数据库、学习评估研究设计有效性的评价系统和技术，帮助你写得更多更好。

Garrard, J. (2007) *Health Sciences Literature Made Easy: The Matrix Method*. 2nd edn. Boston, MA: Jones & Bartlett.

对于那些想要努力获得自然科学中循证研究相关文献的人而言，这是一份极好的资源。

第9章

报告与研究计划书

目标：

通过应用本章的策略、完成本章的练习、遵循本章的程序步骤，你可以有以下收获：

- 理解报告写作的复杂性，并在报告写作中识别读者需求。
- 确定适合聚焦和发展本章所讨论的不同类型报告的策略。
- 认识计划书的不同目标，并识别聚焦和发展计划书的策略。

讲授式课程中的学生有时候会因为评价的目的被要求写报告，而那些攻读研究型学位的学生如果想进一步着手开始写作毕业论文，也需要写作研究计划书。对这两种类型的写作的讨论是本章的重点。

9.1 报告

报告的类型非常多样化。一个报告的类型、结构和对信息的处理方式会受到学科实践以及语境和受众（在模拟工作场所实践的报告中尤为突出）的显著影响，你在写作的过程中必须对其加以考虑。有一些报告比较传统，比如田野报告、实验报告或实验室报告、学术进展报告；有一些报
140 告则偏向咨询型，比如选择可行性报告或者成本—效益报告；除此之外，还有一些模拟工作场所实践——比如在商业、职业和产业等领域——的报告（例如项目管理报告）。

如果你被要求写一份报告，你一定要注意仔细阅读写作指南——如果有的话；你也可以询问老师/导师他们是否可以找出一个能够展现他们期待的报告模型，或者阐明他们对于报告的恰当的风格和结构以及篇幅长度一般有什么样的预期。

考虑可能的受众

由于读者的特征会影响报告的类型，所以应该在写作伊始就将这种类型的问题阐述清楚。

个案研究案例

栏目 9.1　头脑风暴与受众相关的事项

（1）我的受众是谁？比如：老师/导师？一个单独的组织或者行业机构？一个特定的团体比如农民或者环保人士？同时来自外部和学术领域的受众比如政府部门的部长/学者？或者是来自两个不同行业的成员，比如医生和工程师或律师和商业代表？

（2）谁打算阅读这个报告？一个人？一个组织中处于不同层级的不同的人？来自不同组织中的不同的人？或者其他？

（3）如果这个报告是为了口头汇报而写，我的预期受众是谁（参见第 11 章的“为了成功好好计划”部分）？

在给出了上述问题的答案以后，在写作的时候你还应该考虑哪些因素呢？可以沿着以下路线思考：

报告的实施是否会遇到组织和其他方面的限制？例如：对抗预期的反对意见？成本效益保证？时间或者时机的考虑？与政策对标——比如，报告提出的政策建议就政府宣称的目标而言是可行的？目标受众对行动的约束？报告是否需要处理同一个组织中不同层级人士的不同兴趣，或者具有不同专业背景的读者的不同兴趣？报告是否体现了跨文化交流议题的意识？我应该具有什么程度的逻辑说服力以便能够使观众信服？我可以使用什么证据来使我更有说服力？还有没有其他事项？

接下来要讨论不同语境下几种典型报告类型的特征。这些语境表明，一份报告中可能会以不同的组合方式出现一系列特征，例如一个实验或者技术报告会体现出专业报告的特征。你需要根据项目的具体需求灵活调整和应用此处的建议。

9.2 商业报告 141

商业报告会包含对过去、现在或者未来的形势分析，以便帮助解决问题。正因为如此，商业报告会有较强的实践或者工作场所取向。

聚焦商业报告

为了使商科研究生明白别人对他们的报告有着怎样的期待，老师会建议他们避免使用“学术论证”（也就是第 5 章“研究论文”里所讨论的论证），建议写作“短小而清晰的报告”，按照顺序对“情况”(situation)进行集中分析（参见图 9 - 1)。这一建议借用了一套医学话语模型，因为它与后者所包含的诊断、预后和治疗的过程有明显关系。从表面来看，这个模型很简单，无非就是一个概要性的介绍以及一种将所涵盖的信息细化为一个个要点的方法。但是在做深度分析的时候，它也面临很多的挑战，我们接下来对其进行讨论。

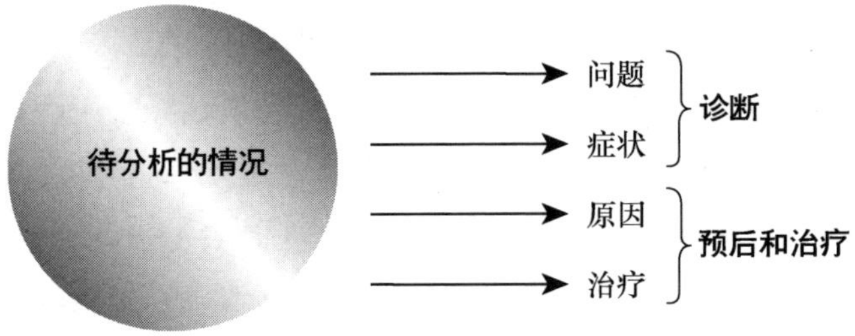

图 9-1　一个商业报告模型

诊断

确定问题的实质可能是文献争论的热点，而这需要你进行批判性的介入。同时，对问题的疗效也可能在文献中充满争议，它们可能不是固定的，而是随着时间和情境发生变化，因此很难确定。鉴于此，你需要同时在表层和深层展开分析。比如说，这个问题从表面上看是由管理不健全造成的，但是深入挖掘的话你会发现造成问题的真正原因是公司的组织结构有缺陷，这反过来要求你努力应对一些困难的组织问题，这很可能是带有理论性质的。

预后

在确定了问题之后，你接下来需要评估这些问题能够被解决的可能
142 性——这就是预后的部分。预后需要对一系列选项进行深入分析，包括对各个选项的积极和消极方面以及所得结论的证据支持进行认真检视。

治疗

治疗意味着你需要提出用于克服难题的建议，建议的形式可能是一个执行摘要（参见本章稍后的“正式报告”部分），也可能是一组提案。而且，你会发现你需要对很多选项进行分析，可能要从短期和长期收益的角度考虑，同时伴随着对预计的劣势的进一步讨论。或许你还需要分析不同的理论视角，并做出推测性预言。如果你想要你的预测有根有据，那么还有必要确保它们来自你先前的讨论。在这个过程当中，你需要评估每一个具体的建议能够得到理想结果的可能性——这将是进一步的预后。

9.3 实验或技术报告

即使你已经很熟悉实验报告或者技术报告的写作，如果你想在缺席一段时间后回归学习或者研究的话，接下来讨论的内容也会是一个有用的复习。这种类型的报告一般遵照结构化模型或者它的某种变体（有很多）而展开，如：引言、资料和方法、结果、讨论。在学科的影响下，结果和讨论有时候会被放在一个部分；有时候会有一个单独的总结，或者讨论有时候也会扮演结论的角色——确认一下哪种模式符合你的情况。

各结构分区之间环环相扣的关系

图 9－2 阐明了此类型报告的结构分区或者组成部分之间紧密的环环相扣的关系。每个组成部分都应该一直被放置在与其他部分的关系之中，当你在写结果和讨论部分时，需要确保它们与你在引言或者其他部分展示的研究目标或问题相一致。 143

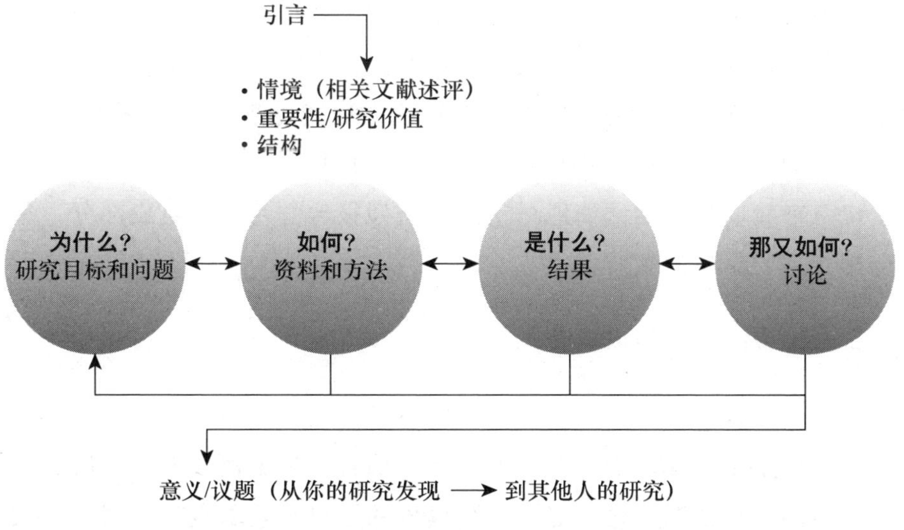

图 9－2　实验或技术报告的典型组成部分

议题

如果你因为转专业而对这种类型的报告写作不熟悉，那我们将在此处简要讨论的议题会很让你烦恼。

报告不同部分的信息覆盖范围和处理方式　讨论有时候读起来像是对结果部分的重复或是很像引言。然而在引言中，文献是为研究提供“语境”或背景的手段，占据最显著的位置，讨论聚焦的则是你的结论或研究发现的重要性及意义，并伴随着对其他文献的后续引用，以显示对他人研究发现的赞同或反对及其原因。

声明的研究目标与对结果的展示和讨论之间的一致性　有时候文中展示的结果与文中声称的研究目的或目标并不完全一致。从事研究的原因与报告呈现的研究发现之间存在着分歧。报告的每一部分都应该和你在引言里（也可能是在一个独立的章节中）设定的研究目的或目标相关。

贯穿报告始终的信息的组织化流程　有时候在一篇报告的不同组成部分中对讨论的排序很凌乱，以至于读者很难发现一条连贯的讨论主线（参见第 4 章的“撰写文本”部分）。

适用于报告不同部分的细节层次　有时候报告中的细节不够充分，以至于读者无法把握此项调研的实施究竟传达了些什么，甚至可能一些关键的信息都存在缺失。尽管学科或者课程实践会影响报告的不同组成部分所含信息的详细程度，但也可能是作者对这方面的合理标准预期感到陌生。如果需要的话，和老师/导师讨论一下这个问题。

接下来我们将更加详细地讨论这种类型报告的每一个组成部分，每一部分都有需要聚焦的独特关注点。

144 **聚焦报告的不同组成部分**

题目（单独一页）

题目应该是具体的而非含糊的。一个摘自心理学课程上老师所分发的学习材料的例子证明了这一点：一个模糊的题目被要求重写以精确地表明实验究竟要测量什么（婴儿的情绪反应）以及要控制什么（性别感知）。

模糊的题目

关于婴儿行为的观察者偏见

聚焦的题目

性别感知对观察者评价婴儿情绪反应的影响

摘要或概要（单独一页或者通常只有几段——提供一个全面的概述）

一个摘要或者概要可能有必要也可能没有必要。如果有必要，你应该确保它是独立的，并且至少应该符合以下要求：

(1) 清楚地指明具体目标、要检验的假设或者调查的问题及其原因——调研的价值。

(2) 简要地介绍实验或者测试（或者其他）是如何开展的。

(3) 从研究目标和供检验的假设角度或者未来研究和/或理论考量的角度，更为充分地讨论核心研究发现及其意涵。

引言（使读者了解你的研究目的/目标及研究价值）

因为引言的结构会随着学科的不同而改变，所以一定要搞清楚你的学科对你的报告的期待。一般而言引言包含以下类型的信息：

(1) 对调研题目、实验目的或测试目标进行初始陈述，指明为何会开展此项调研以及它为何重要。有时候还会有一个范围说明，详细介绍实验或者项目的局限性。

(2) 对报告中使用的复杂术语和概念进行界定。

(3) 为了详述学界已经做了什么，识别出研究空白、不足以及可以进一步扩展的地方——正是这些导致了本报告的研究问题及目标的形成——而对先前研究的发现进行简要述评（引用这些研究发现）。

(4) 在最后一段对研究假设进行清楚的说明。

通过撰写引言，你应该清楚其他学者之前已经做过什么研究，你的研 145
究是如何从先前研究中产生的（证明其价值），你具体要调查或测试什么及其原因。

单独的理论章节？

有时候在一些更偏技术性的报告（比如工程学报告）中，紧跟引言之后的是一个单独的理论章节。这部分一般会引出和报告所展示的研究相关的理论议题，或者概述在你的实验/测试分析中会用到的理论模型框架。

资料和方法（解释你将如何实施调查或测试）

这部分一般会包含以下类型的信息：

（1）关于比如说测试对象的一些描述性的细节信息（包括对象数量、你应用的预测试或者选择标准、测试对象的布局和任务等等），或者是本研究使用的物质环境以及实验中使用的材料、装置、设备以及刺激等信息。

（2）解释研究所使用的不同装备或工具之间的功能性关系，只聚焦于那些和你的研究目标或者你提出的供检验的假设相关的细节。

（3）按照顺序对程序进行描述。对于在运行实验或实施测试的时候你实际做了些什么，你应该考虑按照时间顺序逐步地进行论述；如果合适的话，围绕着子标题安排你的描述。关于你为何做出某种选择，也很有必要提供一些解释性信息，比如下面这位学生所做的："为了评估用于木材表面的油漆量，所有的样本在使用油漆之前都先进行了称重。"

这部分需要包含多少细节性信息，取决于你的实验或测试是否被预期能够通过你的描述而加以复制。如果对此不确定的话，咨询你的老师。

结果（报告你的研究发现是什么）

先思考一下将你的研究发现进行分组以供讨论的最佳方式是什么。设计一些适宜的子标题（参见第 4 章的"有效使用小标题"部分）。复核一下你展示的结果和你在引言部分提出的假设、目标或者研究问题是否确实匹配。

接下来，思考清楚该怎样将你的研究结果进行排序以供讨论。一种方式是根据引言部分提出的目标和/或假设，直接关注这些结果的重要性的水平。还有一种方式是围绕一系列图例来组织讨论（条状图、表格、图像、示意图、曲线图等等）。如果你确实使用了这些图像呈现方法，你应该在本部分为这些方法提供充足的解释性描述，并且在讨论部分说明其重
146 要之处（除非你把讨论和结果这两部分合并在了一起）。如果你的研究结果数量较多，你可以使用附录，这样读者就可以随意参阅以得到更详细的信息。

讨论（说明你的研究发现的重要性和意义）

这部分代表了一个进一步的思考阶段，在此你需要将你的研究结果向前推进以确定它们究竟意味着什么。你需要以再次回顾引言部分声明的目的/目标/问题/假设作为开端。在这一部分，你可以进行下面这些组合动作：

（1）从预期和非预期结果或者也可能是相互冲突的结果的角度解释你的研究发现。

（2）通过将你的研究置于其他学者研究发现的背景中，判定你的结果的重要性/意义。在讨论部分总是从你自己的研究发现再到别人的研究发现。

（3）推断特定结果的普遍性，即判断它们是否能够适用于你实施的特定实验或者测试之外的情境。

（4）讨论可能使你的研究结果发生偏离的内容（比如方法论方面的）。通过将本研究所获得的研究结果与其他研究者的研究结果进行比较，来确定研究假设的地位。

（5）从特定结果的普遍适应性的声明出发，制定新的或者是修正过的研究假设，也有可能研究结果显示需要对假设进行修正。

（6）将你的研究发现与你的预测的理论来源联系起来。

（7）为未来的研究提供建议，可能是指出存在的研究空白、困境以及提出解释或者扩展当前研究的方法。

在对研究发现展开讨论的过程中，你可以将读者的注意力引向最后的结论，尽管你可能希望有一个独立的章节来展示结论。

9.4　正式报告

一个正式的研究报告通常是篇幅较长且较为综合性的。由于学科偏好会影响报告的结构，所以一定要请你的老师或者论文导师告知你具体的要求。

两种主要结构

如果你是一个理科学生，你的正式报告可以采用上文“实验或技术报告”部分详细介绍的结构划分方法。在一般结构上，正式报告也可能和一篇迷你的论文相似，因为它们通常都按照图 9-3 所示的方式来进行结构划分。

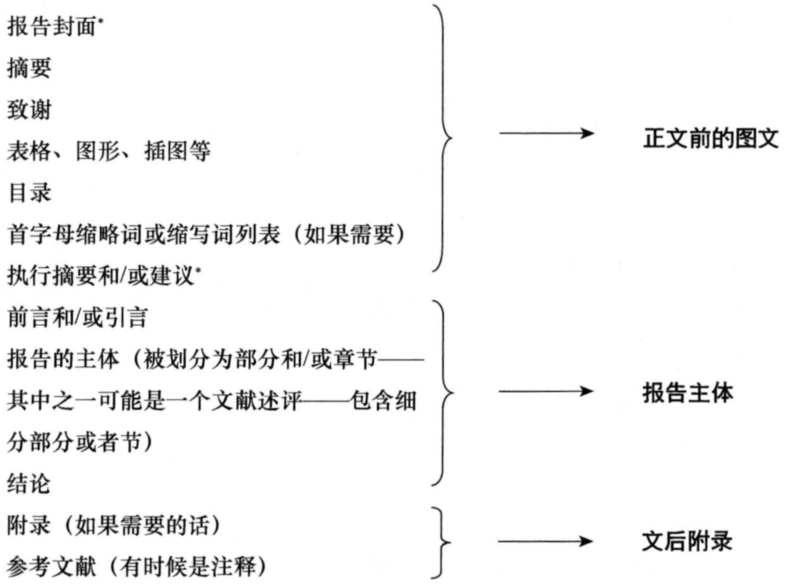

图 9-3　正式报告的结构概要

147 正式报告的特征

由于这些特征中的绝大部分在本书的其他章节都有涉及（特别参见第 4 章“使结构合理的原则”以及第 10 章的“划分文本”部分），所以这里只对图 9-3 中标星号的特征进行进一步讨论。

报告封面（单独一页）

如果你的报告是受外部机构的委托而制作的，封面页一般会包含以下类型的连续信息：

（1）题目；

（2）报告是为了谁而准备的；

（3）报告是由什么部门准备的；

（4）报告制作日期。

在其他情况下，你可能只需要一个题目页。

执行摘要和/或建议

尽管“执行摘要”或者“建议”在不同报告中所在的位置可能有所不同，但是这部分内容一般都只出现在报告主体部分之前。

典型的“执行摘要”一般包含对主要研究发现的讨论、结论以及（可 148
能的）建议。尽管篇幅可以更长，但这种摘要一般仅占 1～3 页。或者你可能被要求只列出“建议”，建议一般只有相当简洁的几行，每一行都用连续的数字加以标注［一条单独的建议一般会被用（a）、（b）等符号分解成几条子建议，以聚焦于该建议所要求的具体行动］，如下所示：

建议 1……

建议 2……

建议 3……（以此类推）

被提出的建议必须源自你的研究发现和结论，也就是你在报告主体部分已经充分讨论过的那些，所以在这里不需要再对其进行证实。建议一般是针对未来行动给出的提议，目的是克服本报告所调研的问题。

9.5 田野报告

田野报告的要求是非常多样化的，所以务必要请你的老师/导师就报告的要求提供指导。尽管如此，一般来说你需要彻底想清楚应该记录哪些详细信息并且问你自己：为什么是这些细节而不是其他的（还可参见第 2 章的“避免匆忙地进入数据搜集阶段”部分）。

保持精确的记录

在收集样本的时候，记录下日期、时间、季节、天气、地点、相关物理特性、选择过程、样本范围及其他特征、抽样技巧和样本容量等信息是很有必要的。在进行访谈的时候，也需要记录访谈时间、访谈对象的特征（比如性别、身份等）、非语言的交流内容、访谈环境的详细信息，或者在进行小组访谈的时候记录下能够标示受访者之间关系的指标。

仔细记录下你观察到的所发生的事情、遇到的困难、不同寻常的事件、收集到的洞见、涌现的主题、预感和可能性等，当你开始写报告的时候，你会发现这些记录是无价的。

149 **关键点**

在做记录的时候要一丝不苟。

9.6 进度报告

如同它的名字所暗示的那样，这种类型报告的目的是报告你的研究是如何推进的。有时候一个进度报告所做的工作很像我们在下个部分将要讨论的随时更新的研究计划，了解它对你而言同样大有益处。

进度报告的目的

进度报告能够使你充分投入于你已经开始写作的报告，展示你的思考经历了哪些变化以及为何会发生这些变化，促使你对你的选择以及你的报告采取的方向做出充分解释并得到能够继续推进你的研究的反馈信息。

你的报告可能会包括一个充分的文献述评（参见上文的讨论），其长度受制于你的学位层次和阶段以及专业要求。你可能还需要一个完成时间表。

在准备写作的时候，问问你自己：

(1) 目前为止在研究中我已经做了什么？

(2) 在这个过程中我遇到了什么困难？

(3) 我采取了怎样的解决措施？

(4) 相比于最初的研究计划，我的研究在关注点、研究目标或问题、方法论、想要研究的问题、理论问题、实验或测试的设计和程序等方面发生了哪些变化？

(5) 为什么会发生这些变化？它们对我的研究造成了哪些后果？

(6) 还有没有依旧存在的、我需要得到反馈的困难（例如，你可以尝试在一些对你而言具有同等可行性的选择中做出决定）？

因而，写作进度报告的目标在于展示一个与时俱进的关于你的报告状态的描述，详细论述完成报告的计划并获得关于这些内容的反馈。

9.7 研究计划书 150

你可能会在很多不同的时间点写研究计划书：在入学之前（可能是作为奖学金申请的一部分，以及/或者是作为进入特定机构学习的申请）；在刚开始攻读一个新的研究型学位后不久；在攻读研究型学位的可能是第一年或其他年份的不同阶段；或者在开始学位的研究工作部分之前（这个学位既要求提交课程作业，也要求开展研究）。

在攻读学位的过程中也会产生很多“研究计划书”的近义词，比如“立场陈述”(position statement) 或者“意向陈述”(statement of intent)。

研究计划书的不同目的

制定计划的时机以及你所进入的学位等级都会影响计划的目的，进而影响研究计划书涵盖内容的类型和范围。在入学之前或者攻读学位的早期阶段产出的计划会比较有限和一般化，通常为两三页。而那些在比如博士入学仪式之后一年或更长时间制定的计划则更为全面。

如果你在完成了更高学位的课程作业部分之后准备制定一个研究计划书以便向研究部分推进，那么你的计划在长度和复杂性方面可能会大不相同，所以你应该请你的导师告知其对计划的要求以及超出这里——甚至第10章“学位论文写作”——讨论范围的内容。比如说，在美国一些特定的研究领域中为完成课程作业而制订的研究计划书构成了博士论文的前三章（引言、文献述评和方法论章节），如同沃茨（Watts，2003）详细讨论的那样。

有一种看待计划的方式是将其视为一种市场活动，其主要功能就是卖出你的研究。在这种视角下，你的目标就在于允许读者来评估你设计的研究的价值和可行性并对其提供有用的反馈。你的目的就在于让读者确信你的研究在以下方面是适用的：

（1）你的研究的范围和质量适合于你的学位层次。很明显，长论文和短论文在研究的深度与广度方面受到的期待是不同的。

（2）研究计划书所概述的研究长度是适宜的。对一篇15 000字左右的短论文的研究要求和对一篇长达80 000字的博士论文的要求存在很大差异。

（3）你提出的完成研究的方法是合适的，也就是说，完成这项研究所
151 需要的资源是可以得到的，计划中的访谈是可以实施的，田野调查是能够开展的，合适的设备是可以使用的，或者必要的材料是可得的，等等。

（4）就你完成学位的时间期限而言，这项研究是可行的。

就是说，对于一份研究计划，你需要阐释一系列有关你计划的研究相对于你的学位层次而言所具备的合理性、可行性和价值等方面的问题。

聚焦和发展一个计划书

这一部分提出了一些供你在聚焦并发展研究计划书的时候思考的问题。同样地，什么问题是相关的以及回答这些问题需要包含的细节信息的数量，取决于你攻读的学位层次、你的研究特性、你在攻读学位过程中所

处的阶段以及其他学科要求。

你的研究领域或者调研主题是什么？

这个问题处理的是你准备动身去调查什么，以及你想要考虑或者关注的是什么。这包括确定你感兴趣的研究领域、一般的主题领域或者一个具体的话题等形式。图 9－4 运用了一个来自语言学的例子来展示它们之间的区别，你很容易将其运用于你的研究中。

一个计划书就是这样：所计划的内容并非一直固定不变。不需要过分在意当你提出一个主题时你就必须坚持它，特别是在你开始研究之前或者攻读学位的早期阶段更无须如此。连同研究的其他方面一起，主题有时也会改变，或者聚焦点也会转换，就像有时候田野工作中会发生的那样。尽管如此，还是应该注意研究主题的彻底改变通常意味着你找不到一个合适的论文导师，或者学校为你指定的导师觉得自己不再有能力指导你的项目。

研究领域：
第二语言习得
一般主题领域：
不同文化中的称谓语
具体主题：
教那些以英语为第二语言的泰国学生学习称谓语的教学技巧问题

细化的程度 ↓

图 9－4　对研究主题的逐步细化

你的研究背景是什么？ 152

为了使你提出的研究情境化，常常需要提供一些相关的背景信息，为你的研究描绘出广阔的图景——一幅很大的图画——然后指出你希望考虑的是该研究领域的哪些方面。这可以通过一个迷你的文献述评，或者甚至是一个完整的文献述评的方式实现，如果你想在你的学位上更进一步的话，文献述评同时还能够为你的研究焦点和研究兴趣、你将要阐述的议题等提供正当理由。

可能你对于其他学者已经做了哪些研究只有有限的、一般化的知识，但这对于一个用于申请的研究计划书来说已经足够了，在此你可以通过将主题一般化的方法来提供背景信息。问问你自己：(1) 关于我的研究主题我能够提供哪些背景信息？(2) 我想要做的研究如何与我对于此领域已有研究的一般理解相吻合？

首要的研究目的或核心研究问题是什么？

这个问题解释的是你想做你所计划的研究的原因。有很多不同的方法可以概述你从事该研究的原因，你可能会将它们结合在一起使用，如声明目的和/或目标；提出你想要回答的问题；设立你希望被验证的假设，一个假设就是“一个被提出来作为推论或论证基础的命题，对于其真假则不做假定”(《新版牛津简明英语词典》)；或者较详细地“表述一个问题”。

你的研究项目的价值是什么？

你的研究项目的价值是什么？如果你在攻读博士学位，那这个问题需要被阐述清楚，但是如果是其他情况则没有必要这么做。博士学位要求你对某一研究领域做出原创性贡献。回答这个问题可以使你传达出你所期望做出的贡献的特性，并说明为何你觉得实施这项研究是重要的。你的研究项目的重要性可以通过对现存文献的讨论——它的优点和局限性以及你的研究是如何与之相适应的——来传达。除了提供关于你希望做出的对研究的贡献方面的信息，提及一些附属于你的研究的实践价值或者专业价值也是很重要的，如在工业应用、商业使用、改革建议等例子中的情况。

你将会使用理论、模型和/或方法论吗？

如果理论、模型和/或方法论可能成为你的研究的独特考量，那么你应该为了这个目的提供相关信息，前提是你可以做到。如果你在研究学位上继续深造，你将能够充分讨论并证明你的理论框架或者你所选择的模型的合理性。

153 务必要注意“方法论”这个词，不能将它和程序（接下来要讨论的点）混淆了。如同下面所指出的那样，方法论就是：

> 关于用于收集和加工数据的方法的基本原理，按照什么顺序和使用什么样本，它们被整合在一起，构成一个研究方法论。它并非一个指代“方法列表”的宏大术语，而是对于采取某种特定方式来设计研究的明智论证。研究方法论应该适合研究题目，且对于这一点的辩护

应该成为论文的一个组成部分。（Cryer，1996：45）

这不是仅仅对某些方法的偏好胜过其他方法的问题，而是要选择一种最适合你希望开展的研究的方法组合，并且你需要令人信服地论证事实确实如此。

你打算如何进行你的研究？

如果你的研究计划书处于早期阶段，那么你应该交代一些关于程序的信息。这将揭示你打算如何从事你的研究，你需要按照什么顺序开展哪些活动。以下方法可能是比较恰当的：比如说，提供关于田野工作（如果有的话）的一般性计划的信息（例如地点或者目标群体），讨论实验或测试信息，或者确定你将要获取的重要资料（比如档案资料）。当然，在更为复杂的研究计划中，这些问题应该被囊括在方法论章节以证明你的研究的价值和合理性。

对这个问题的讨论的目标是对你认为需要去做些什么以便完成研究进行一个综述。这个综述应该包含尽可能多的信息，以便读者可以发现一些尚未被你预见的从事研究过程中可能遇到的问题（比如在获得或者使用资料和设备、定位适宜的原始材料、从事田野工作等方面存在的困难）。你应该提及任何一个你预计的潜在难题，以便获得反馈。

你是否需要讨论相关工作经验？

在适当的情况下，你应该简要介绍一下你已经做过的或者目前正在从事的工作，注意特别强调一下和你正计划的研究相关的工作经验，包括你正在教授的课程。工作经验可能会起到显著作用，特别是如果它是你获得学术评审人对你的研究的有力支持的关键原因，以及/或者这一经验和你的学位类型高度相关（例如一个专业博士学位）的时候。

应该包括一个完成研究的时间表吗？

如果你正处在研究的第一年的末期或者已经超出了这个时间，对这个问题的回答可能是肯定的，但是如果你的研究计划还伴随着入学申请，那么答案就是否定的。

你的研究是否需要伦理批准？ 154

很多使用动物和人进行的研究都需要伦理批准，有时候还包括对人群进行访谈或调查的情况，在你申请候选人资格的时候不必忧虑这个问题，但是在已经获得候选人资格之后的学习期间，你应该在撰写计划书之前和导师讨论这个问题。

为了从事你的研究你需要接受特殊训练吗？

在攻读学位期间接受不同类型的训练是很常见的，但是如果你需要特殊的训练，而这种训练会影响你完成研究的时间（比如学习一门新语言），那你应该提到这一点，因为你需要知道那种训练是否能得到支持。

对于某一具体的研究兴趣，你还应该思考其他一些你需要提问（以及回答）的问题，以确保导师或者未来的导师充分熟悉你的研究兴趣和需求。

9.8 进一步的资源

Watts, M. (2003) *The Holy Grail: In Pursuit of the Dissertation Proposal*. Institute of International Studies, UC Berkeley.

这是一篇富有洞见的论文——以 PDF 格式提供——是基于名为“论文计划工作坊：过程和规范”的训练工作坊写作完成的。

第10章

学位论文写作

目标：

通过应用本章的策略、完成本章的练习、遵循本章的程序步骤，你可以有以下收获：

- 通过使自己适应你学科的学位论文写作，利用在线研究管理工具以及采用预期的学位论文管理策略，更有效率地管理自己的项目。
- 在写作早期避免不必要的排版和选择格式的问题。
- 思考写作对于考官的意义。
- 理解对学位论文写作的一系列标准学术预期——无论是长论文还是短论文——都是为了使你的写作更加严谨。
- 发现一些划分段落、整合论文观点、用多种方式组织章节结构、获得对论文的整体把控的技巧以及开发出一些写作论文摘要、引言和结论的技巧。
- 组织一个成员之间相互支持的、学习论坛式的学位论文写作小组。

学位论文写作的标志性特点就是严谨，要写好一篇学位论文，必须做好以下工作：严谨地做好学位论文的前期准备工作和后期发展，批判性地阅读文献，参考各种来源的材料，应用理论并且证明方法的可行性，展示测试或者实验数据，安排分析、论点和讨论，满足读者的预期以及处理好
156 总体的风格和呈现方面的问题。这一章就涉及一些帮助你有效地介绍自己研究的通用策略，无论是对短学位论文还是长学位论文都适用。

本章提及的短学位论文的字数在 1 万到 2.5 万，长学位论文的字数在 6 万到 10 万。由于这种区分方法还是有些武断，所以你可以先大概浏览一下本章，看看哪些内容和你的写作相关。本章中那些没有区分长短学位论文之处的意见是对两者都适用的。

10.1 管理项目

就原创性的研究进行交流通常比预计的更具挑战性，而且往往耗时更长。所以你需要尽早创造出自己合理的管理方法（参见第 1 章“管理你的写作环境”）。

学位论文写作定位

浏览你所在学科的一两篇已通过审核的学位论文，从而可以尽早对自身进行定位并将学位论文视为一种“产品”。你所处学科里的学生可能会写各种不同类型的学位论文，比如说案例分析或者主题研究报告，因此，选择参考那种和你的研究最接近的论文。然后你会发现由于每个人研究的特点不同，即使是相同主题的学位论文仍然可能在结构上存在很大的差异。你如果仍不确定，还可以咨询导师可以参考哪些论文，或者，作为最后一根稻草，还可以在线上图书馆搜索“学位论文”“毕业论文”。

如果你的学位论文是一系列已发表文章的集合，那么你可以参考第 12 章的所有内容，同时还可以浏览一下本章或者本书其他地方，寻找对你的研究兴趣有益的内容。

练习：回顾已经通过审核的学位论文

在回顾已通过审核的学位论文时，你要避免沉迷于有趣的内容，因为这种情况实在太容易发生了。注意作者是如何进行写作的——尤其注意作者将内容组合在一起的过程（参见第 2 章“掌握学科写作实践”部分的练习，那里有对这类问题的建议）。你主要是要了解在自己的学科中以及学习水平上，论文是由哪些内容构成的。不要被你发现的内容吓到，因为你才刚刚开始，最终的作品并不会反映出你现在的研究仍然混乱的现实。

定位好自己的学位论文方向，现在你可以使用那些能够帮助自己完成 157
论文写作的策略了。

使用在线工具来管理你的研究计划

你的导师将指导你的研究，使用在线方法来管理一个大型的研究计划将更有效地帮你搜索、追踪和分析数字材料。很多工具都可以帮助你完成这个任务，甚至可能还有针对你的学科、系部或学校开发的工具。我们下面就讨论一些常用的工具。

RSS

通常情况下，RSS 指的是简易信息聚合（really simple syndication）或者丰富站点摘要（rich site summary）。这是直接获取最新发表的信息的关键，而且是聚焦研究内容的强大方法。现在很多网站都具有“RSS 订阅”的功能，可以让你订阅网站上发布的最新信息并使用“订阅端”或“聚合器”来接受。这就意味着你不需要经常查看网络更新，相反，这些更新内容将直接送达你手上。通过订阅 RSS，你可以阅读最近的研究报告、最新发布的博客，查看数据流、出版物、通知、照片、书签、标签、推特、天气预报、新增条目等等，所有信息都一次到位。

有三个主要步骤可以帮助你收到更多内容。还有其他订阅内容的方法，但是这三个步骤是它运作的基本方式，如下：

（1）**通过订阅阅读服务设置一个订阅器** 现在在网络上可以获得很多订阅器。你如果有一个谷歌账户，可以使用谷歌阅读。Netvibe. com 和 Pageflakes. com 也是非常流行的订阅器，它们还可以让你个性化定制个人主页。

（2）**找到你想要订阅的内容** 首先你需要找到这个网站上是否有订阅服务，比如网页上是否有小的正方形标志、黄色的 RSS 图标或者一些提示“RSS”或“订阅”（subscribe）或者相似内容的文字说明。然后点击这个图标或者文字，你将跳转到一个或者看起来很简单，或者充满代码的页面。拷贝这个链接或者网址即可。这就是一个 RSS 订阅的地址。

（3）**将你的 RSS 订阅网址粘贴到你的订阅器中** 回到你的订阅服务器界面，然后将这个订阅服务网址粘贴到“增加订阅”或者“增加内容”的区域。你将直接收到你所订阅网站的内容更新——以后你就没必要再访问原始网页了。

158 在线笔记和文件管理工具

这里的大部分内容已经在第 1 章（参见“提高生产率的电子工具”部分）和第 2 章（参见“信息存储策略”部分）介绍过，但是我们需要再次强调它的重要性，因为这些工具应该成为促进你写作的研究管理策略的一部分。比如说，使用 Evernote. com、Mendeley. com 或者 Zotero. org 都能让你存档、添加注释、检索，然后分享你收集的或者在研究过程中生成的资源。

在线书签工具

能够及时发现有用的网页是现代研究者的必备技能。许多学生都将他们存储的书签内容放到“收藏”当中或者放进他们本地硬盘的书签文件夹里。这种系统非常适合仅使用一台电脑工作的人，但是现在我们越来越需要在不同的设备和机器上工作，这意味着如果你在一台电脑硬盘的“收藏”中标记了书签，那么你就不能使用另一台电脑进入这些被收藏的书签。将你的书签保持在线能够解决这个问题。

像 Connotea. org、Delicious. com 和 Diigo. com 这种网站都能够帮助你保存、标记、搜索和分享网站的书签，这样你就能在联网状态下随时随地访问它们。默认情况下，这种方式存储的书签通常都可以公开访问，你也可以按照自己的意愿将其设置为“隐私”。搜索或者订阅（通过 RSS）其他人的书签也不失为一种寻找新的或者有趣的研究材料的方法，你如果找到了一个和你一样分享类似材料的使用者，可以看看他的收藏以获取更多的资源。

一旦确定了自己的研究管理策略，你应该视自身情况集中精力落实它们。这一实践将有助于你在学位论文中的研究交流。

参与式的学位论文管理策略

记录研究日记

在研究期间，人们很容易忘记研究过程中发生的细节。所以，和实验室里的科学家记录实验室笔记一样，我们同样建议在研究开始阶段记录研究日记，无论你的研究属于哪个学科。

研究日记的记录如果能持续到写作结束，那对写作会非常有帮助。请详细精确地记录研究阶段你的操作，你如何实施研究（各个细节），还有你的研究结论。记录下你做所有决策的原因，这样你就能够在论文写作过 159
程中证明自己的研究方法，尤其是当它们对你研究的进行带来影响时。你还可以记下任何在研究过程中能够被纳入你论文中的内容。

提升学位论文生产技能

许多图书馆现在都有一些现场或者在线的培训教你如何能够在研究过程中最大程度地利用你的电脑（比如高效地处理长文件、使用格式模板或者设计一个可供打印的论文模板）。你如果还不知道怎么做，可以参加一下这类培训，因为这类培训可以缓解论文生产过程中出现的机械性的沮丧情绪。

通过规律的写作来管理自己的项目

仅仅记录你自己研究的细节，或者进行做笔记之类的重要活动是不够的。写作技能如果不用便会退化，这对于长学位论文写作来说是致命伤，所以尽量保证尽你所能尽早开始将你的研究努力转变成持续的写作——形成恰当的学术文本。

关键点

早写，常写。

首先，你可以写以下部分：方法/程序部分或前测、实验或者实地调查的结果、对与你主题的某些方面相关的内容的简短的比较分析、对文学与艺术文本的主题式分析、对档案材料或者法律文件的分析——对任何合适的材料的阐释。然后你可能会进入扩展的研究计划中（包括一个早期的文献回顾），该计划涉及进度报告、研讨会或会议论文、期刊论文以及所有本书其他部分讨论到的文本类型。这些写作不仅会理清你的思路，还会让你保持训练的状态，其中的一部分必将被纳入你最终的学位论文当中。

制定一个学位论文写作日程表

当你开始写学位论文的第一份全稿时，制定一个详细的写作日程表，其中需要包括在过程中或者结束之后重新审核各个章节的时间。

160 **练习：制定一个写作日程表**

步骤 1

建立一条时间线，在上面标注提交论文的月份和实际需要提交论文的日期，如下所示（示例中时间线的绘制假设的是距离截稿日期有 8 个月）：

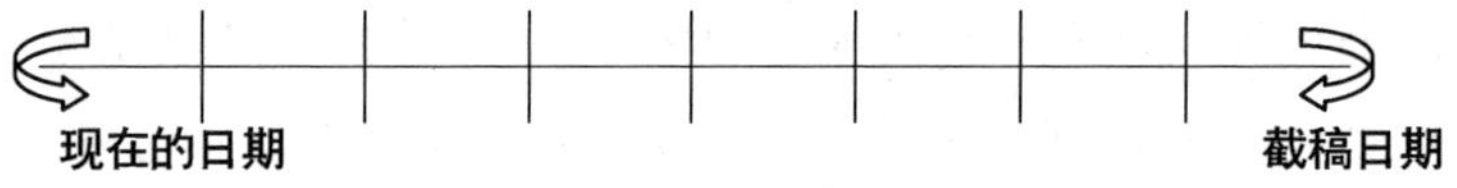

步骤 2

现在根据截稿日期反向安排写作时间，为各时间段分配不同的写作任务（比如章节草稿）或者具体的活动，比如最后一个月的具体工作内容如下：

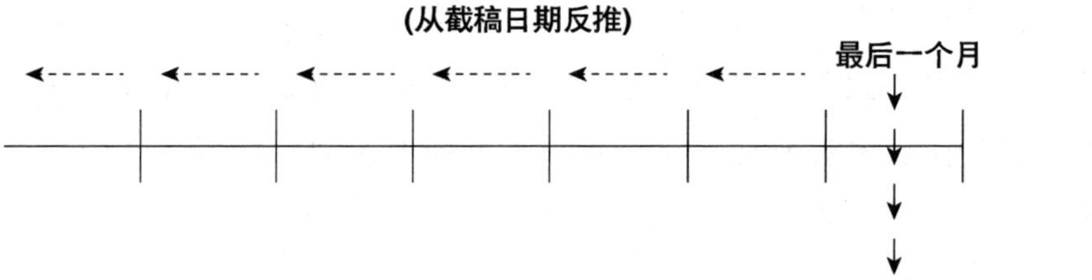

- 校对和编辑
- 检查参考文献和书目
- 完善风格和呈现方式
- 复印
- 装订
- 提交

步骤 3

设定一个日程表，标注好论文的具体提交日期、草稿返回日期以及全文返修的时间等等——安排好每一个你需要完成的工作。和你的导师讨论工作日程的可行性，保证他能够协调并适应导师需要承担的义务。

确定排版和格式问题 161

在开始写第一份初稿时，你如果还没有确定排版和格式问题，请和你的导师一起确定与你这一层次的论文写作有关的任何来自机构和/或部门的指南或政策文件。这类文件可能是有关文章类型、格式和标准预期的一般问题的参考标准，还有可能更为基础地关注论文的主旨和结构。

这里建议的策略可以补充第 3 章的“学术写作的机制”部分的讨论。

在开始第一稿之前就要落实所有适当的格式，包括页边距和间距。在之后的版本里修改格式将增加很多既无聊又浪费时间的插曲。最好在开始写草稿之前便在电脑里设置一个特定的格式模板，然后使用这个模板完成写作。

你可能也想记录一下在第一章便处理到的问题（比如说对连接符、大小写或者黑体、斜体、下划线等等的使用），这样你就可以在之后的章节参考这类内容，因为之后很容易忘记这类细节内容，而且在编辑阶段进行标准化的操作通常都耗时很长（拼写检查通常并不能对“连贯性”的问题有所帮助）。

10.2 对学术论文的期望

你的导师通常会针对学科的具体论文期望给你提建议，然而这里关注的是可以被应用于所有层次的论文写作的普遍预期。

标准预期

你的最后一稿至少要有以下特点：

（1）整篇论文连续地展开（参见第 4 章“使结构合理的原则”）。

（2）对目的的说明充分而且能够很好地满足读者需求（参见下文的“代入审阅人的视角”部分）。

（3）相关文献得到了彻底的通读和理解。你可能需要撰写一个文献回顾（参见第 8 章）而且/或者把你所阅读的材料融入全文的讨论当中。

（4）分析、讨论或论证时逻辑严密、推论合理、证据确凿（参见第 5 章的“作为正式论证的研究论文”部分的相关内容）。

（5）包含（可能）已经得到证实的知识和对实验或者测试的程序、相关理论、模型或者方法论问题的批判性鉴别（参见第 2 章的“批判性地处理信息”部分）。

162 （6）合理呈现论文材料。确保论文的呈现方式学术化。使用规范的引用和文献格式，正如本书在第 3 章的“引用和抄袭”部分中讨论的那样。认真地校对，确保文献在文中和参考文献处正确对应——反复核对这些内容。仔细确认图例、数字、图等的统一性，同时确认其正确性。确保有目录页、摘要以及论文开头要有的其他内容，如果在文中出现了缩写词或者缩略词的话，那可能需要加上一个表格对这些词语加以说明。

代入审阅人的视角

关键点

写学位论文时考虑到审阅人会非常有帮助，包括导师、内审和外审，或者从通过答辩的角度来思考。

考虑到论文审阅人的需求是对论文更高的期望，而且这对作者是一大挑战。困难之处在于这一工作要求作者投入更多的思考，要时刻记住你撰写论文的首要目的是和评估论文的学者交流。

简要回顾一下第 3 章的“关注读者的需求”部分：时刻尊重读者的信息需求，不断在论文中提示读者自己的目的或者论点，因为他们对你的决策一无所知。还有就是当细分章节内容时，你需要还原文中讨论问题的情境从而保证你的审阅人能够想象到你的文章是在什么情境下、为什么以及如何展开讨论的。

自信而权威地写作

积极地看待你的文章审阅人——他们并不是无法理解你。他们是这一研究领域有着高水准的批判性读者。不考虑他们每个人的专业，最重要的是你能够完全控制而且能够批判性地理解任何人对你论文的讨论。

等到开始进行下面的草稿写作时，你能够获得一种表现自信的权利，正如肯·海兰（Ken Hyland）所言，"作者通过彰显个人权威的身份，在对他们的个人观点的评价和承诺上能够表现出强烈的自信"（2002a：1091）。

你的权威在于在导师的指导下严谨地开展自己的研究，并且以同样严 163
谨的态度写作：通过提供可靠的证据和利用附录中提及的逻辑连接词来完成协调一致的论证和讨论；使用精准的语言（参见第 3 章的"清晰：风格的第一法则"部分）；仔细核对所有的参考资料来源（参见第 3 章的"引用和抄袭"部分）；论文的所有层面都结构清晰（参见第 4 章"使结构合理的原则"）等等。

掌控论文

在研究的不同阶段，你会发现自己处于对导师或者其他学者的敬畏之中。现在，是时候将这些敬畏变成一种同行间的尊重了。在写作时，你要尊重自己的知识并且相信自己的判断：在写作时，你应该定义自己偏好的语义。控制自己的写作，这样你才具有引导审阅人按照你期望的方式思考的权力，并且能够抵消批评从而使审阅人站在你这边（参见第 12 章的"吸引读者"部分）。毕竟，在这一阶段你已经成为某一领域的专家，也许甚至是这一主题的专家。

10.3 长学位论文

这部分将讨论长学位论文尤其是博士论文这一原创性研究类型在交流

中的特点。

我们需要现实地看待博士论文，尤其是在你需要三年完成学业的情况下更是如此——如果你有奖学金资助的话。所以，不要在你必须要产出的工作或者你需要做出的革命性贡献上顾虑太多——你不是在角逐诺贝尔奖。如果对你论文的要求是要做出原创性的贡献，那么你将需要发现新的知识从而推动自身所处领域的知识（可能还有）实践的进步。在这种情况下，你的导师将在话题或者项目的适宜性上对你进行指导。

审阅人报告的质量指标

这一小节里的内容选自审阅人报告，本书的作者之一参加了这次审阅。这些材料也被用于布里吉德·巴拉德（Ballard，1995）所进行的初步但深入的研究之中。他的研究分析了 62 篇博士论文的审阅人报告。每篇
164 论文都有三个外部审阅人，可能是国内的，也可能是国外的。这个研究涵盖了六个领域的报告——人文学科中的英语和历史，社会科学中的人类学和政治学，还有生物科学中的植物学和动物学。

这是一个小型的、小范围的研究［还可参见霍尔布鲁克等（Holbrook，et al.，2004）的扩展研究］。然而，这个研究在通用质量指标上有着更广泛的价值，这些指标可以根据你的导师给出的建议通过学科指标加以扩充。它也可能对博士论文以外的学位论文有价值。如果你的文章会参加口头答辩，审阅人的评论也会很有洞察力，默里（Murray，2003）就这一问题进行了充分的讨论。了解审阅人关注和重视的一般实践必将有助于你的研究交流。

总体质量和对学术界的贡献

在论文质量的各项要素中通常最受重视的就是创新贡献的能力。在生命科学中，这一点经常被表述为对一个通识性问题的渐进式发展，它常常伴随着一系列如下的总结语：

> “开创性的工作”——“启发性的”——“突破新的领域”——“重要和有价值的知识贡献”——“原创研究的主要成果”——“提供了重要且有用的视角”——“推进科学知识”——“通过引起科学

家的兴趣解决了难题”。

人文社会科学领域也会出现同样的评论：

“……发展了多样化和原创性的方法，将对这个领域的其他研究产生影响。”“这是原创研究的主要成果。”

“……对民族学和社会理论有主要贡献。”

“这篇论文对 X（国家名）的家庭经济历史、女性历史和农业历史均有重要贡献。”

“这篇论文开拓了新领域，我认为，此领域对这一研究范围而言意义非凡。”

“谈及论文对知识最原创性的贡献……这篇论文分量很重。”

当评估贡献的本质时，审阅人也会考虑这一研究的“正当性”，所处理“问题”和讨论的“话题”的重要性，能够将论文研究和更宽泛的学科联系在一起的能力，以及此研究在相关学术研究中的基础性。

无论是否有一个正式的、独立的部分被用来回顾文献，完全地掌握并 165
且批判性地理解相关文献对审阅人来说是非常关键的一点，比如下面的这条评论：

“考虑到所有的文献”——“对他人研究结果更细致且具有批判性的回顾”——“将文章的研究结果完整有力地和现有的其他文献联系在一起”——“精准地利用广泛的资源”。

但是，还有更具批判性的评论，比如下面这条：

“没有回顾并整理不同学科的相关文献”——“和文献没有足够的对话”。

具备在较高质量的期刊上发表的水平是不少生命科学领域的审阅人在衡量一篇论文总体质量时高度重视的。人文社会科学领域的审阅人也会考虑这些问题，而且会就文章在期刊或者专题上发表提供意见，但是在评估论文质量时他们不会认同已发表论文和学位论文有着同等的重要性，尽管这在随后的几年间会发生变化。

主题的范围、可行性，研究的广度和深度

审阅人还关心论文所选主题是否适合博士水平和时间范围，比如下面的例子：

> “解决这个问题确实相当于承担了这样一个任务，（这个任务）‘需要对一定范围和数量的文献进行全面研究，这一工作一般预期要在三年全日制的情况下完成’。”［这一引用直接来自大学发送给审阅人的指导说明］
>
> “这个候选人选择了一个可行的研究，并使用了合适的技术和方法研究这一问题，以博士候选人中罕有的认真和清晰呈现了自己的研究结果。”
>
> “……虽然‘可行’，但实际上这个问题非常难处理。”

有些话题已经完全超出了博士可能研究的范畴，而另一些则具有可行性，比如下面的评论所提到的：

> “这个导师和学生可能都没有意识到他们所要处理的问题实在是太难了。”
>
> “这是一篇意义非凡的论文，在我看来，作者为了获得这个博士学位付出了太多的努力。”
>
> “毫无疑问，这篇论文很好地在已知内容上增加了适当数量的细
> 166 节……然而我们仍然怀疑这些材料就该篇论文之后的发表而言是否足
> 够……这可能并不是候选人的错。尽管这篇论文看起来已经非常努力，但是很有可能并未涉及必需的重要文献。”

审阅人考虑到博士论文适合的研究广度和深度，有时候还会在决定过程中评论参考文献或者文献目录的范围和质量。

研究技巧和方法论、结果、争论、分析以及讨论

生命科学领域中审阅人非常重视的另一个点是研究技巧的使用能力以及程序操作，这一点在下面的评论语中体现得非常明显：

> “掌握了程序的多样性”——“高超的技巧”——“展示出对多种技巧的使用能力”——“展示出对科学技艺的掌握”——“对科学

方法的成熟运用”——“机智地使用了一系列现在流行的技巧”——“有效使用了一系列的实验技巧”——“使用合适的统计方法分析了数据”——“设计巧妙的研究”。

但是也有下面这种评语：

“这篇论文所探讨的每一个话题都处于专业技术水平较低的等级，而且对问题的讨论并不能被贯穿到结尾。”

生命科学领域中的很多审阅人还会赞美学生的数据质量和他们在讨论中逻辑的严谨性。比如说下面的评论语：

“坚实的实证数据”——“数据展示出了认真的观察”——“呈现的数据选择非常认真”——“讨论部分逻辑的严谨性让人印象深刻”——“整体非常具有逻辑性和系统性”。

而对此更负面的评价是下面这样的：

“……往往在数据不足的情况下得出明确的结论。”“……讨论中有一些内容并没有在结论中提及。”

“……我已经迷失在这篇论文琐碎的研究结果中，而且实在找不出这么多研究结论到底有什么意义。”

这些报告的内容表明，你需要如实地解释自己的研究结论，这非常重 167
要——人们并不推崇宏大的猜想。你还可能需要在讨论部分重申研究的重要性，还有它们可能产生的影响，因为这些对于审查人来说是非常关键的。

人文社会科学的论文审稿人在分析和论证的审查上更加严格，他们的评审还伴有称赞和详细的“批判性思维”的证据（或者评论某论文缺少批判性思想）。有人提到了“分析的敏锐性和闪光点”，还有人会做出如下评论：

“整篇论文都得到了有力的论证。该作品的优势之一是，它不断引发争论，而且实际上，全文都在引发争论。”

“论证的结构确实是这篇论文最令人放心和印象深刻的方面

之一。”

“分析的质量自始至终都很好——当前的作品代表了一种最好的研究——一项经过充分论证的研究。”

“作者似乎总是能认识到各种各样的解释，推理也常常很巧妙。”

但是也有以下这种评论：

“前两个模型在论证中如稻草人般无力……”

也有下面这种类型的评论，它们强调了审阅人注重的整体一致性的价值：

“整篇论文的相互联系的讨论几乎总是清晰而明智的。”

“这篇论文的不足之处在于，它无法在一篇很长、很详细的论文中保持一个共同的论点。”

理论是一个重要的考虑因素，这也是会被仔细评估的。一位审阅人赞扬考生对“替代性的理论和解释”的认识，另一位则赞扬了研究的“理论复杂性”，还有的审阅人提及论文中对理论的“有创造性”而“严谨”的运用。

“可靠的”方法论的重要性以及方法论在合适情境下的应用是许多论
168 文都需要考虑的另一个关键问题，还有就是要“清晰界定概念”——比如一个审稿人在看到学生没有很好地定义其论文中的创造性概念时就表现得非常恼火。

学术风格和呈现

学术风格和呈现这一问题经常出现在评论里，尤其是生命科学领域的审阅人会非常谨慎地考察这些方面。审阅人通常非常关注“清晰简单”、“简洁”、一篇“简明”的论文、“风格统一”，讨论部分让人过目难忘的“流畅和连贯性”，还有一些评论，比如说下面这些：

“材料的呈现、图表和插图的质量和解释都非常优秀。”

“我来总结一下这篇文章的观后感，其不仅充满原创性观点和审慎的结论，还写得非常生动形象，犹如一个实物。这让整个阅读过程

> 都变得非常愉悦。”

审阅人还强烈反对“口语化和分散的”写作、“记者风格”、“大喘气”、“经常性地重复”（出现多次）、啰嗦等写作风格，比如在下面的评论语中提到的那样：

> “文章有‘过分论述’的趋势。当候选人证明一个观点时，她/他总是翻来覆去地说。”

一些审阅人很容易被大量的排版或者拼写的错误惹怒，很多人会细心地将这些问题圈点出来以供作者日后修改。仔细的校对真的是太重要了。

小结：报告的意义

所有的审阅人在做出判断时都非常重视自己收到的评审指南，经常使用大学指南中的措辞方式来设计自己的评语。所以，如果你的论文要被外审，尽量找一份你导师收到的评审指南。

审阅人都愿意给学生通过，而当他们痛苦地寻找一篇论文的积极评语时常常自我感觉很糟糕，而且非常易怒。他们并不期待完美，而且经常会将称赞和批评放在对同一篇论文的评价里。还有时候，审阅人会考虑到学位论文存在缺陷的可能原因，并以此来缓和自己提出的严肃的批评意见。通常，他们将候选人视为刚刚步入研究事业的“学徒”，认为候选人的研究事业处于起点而不是终点（除非你们当中的很多人不再继续研究事业）。很多时候，不少的评审报告都会表现出对博士候选人相当多的鼓励和支持。

审阅人十分看重导师的角色，看到优秀的论文时审阅人会同时恭喜学 169
生和导师，同时在批评一篇论文时审阅人也会连带提及导师的责任。同样，一些审阅人认为自己不是最佳人选，或者没有足够的知识来评价论文，这点强调了选择外审老师的重要性。

在所有的情况下，审阅论文的覆盖范围非常广泛。本小节选取的这 186 多篇报告（因为有的论文是重新提交的所以有额外的篇目）展示出所有的审阅人在评价研究并撰写关于整篇论文和每一章的评论时都是很勤勉且注重细节的。看起来，至少在这些报告中，很少能有错误逃脱他们的法眼。

10.4 短学位论文

短学位论文可以有一些有特色的主题定位，反过来，这些主题也会影响对你论文的预期。

不同的主题定位

问题导向的话题

在很多学科中，论文话题的选择都有一种主导的定位，那就是问题导向的话题。在这种背景下，调动你的学科中研究者感兴趣的主要话题将成为你展示自己的研究时在讨论部分展开的核心内容（参见第 5 章的“作为正式论证的研究论文”部分）。

数据导向的话题

也许你研究的是一个数据导向的话题，新数据的积累和呈现（比如通过田野工作、本地调研、访谈、从数据中产出、参与或者非参与观察、做实验等）是最重要的（参见第 2 章的“避免匆忙地进入数据搜集阶段”部分）。

还有一种可能是你的兴趣引导你通过一系列的实践测试来对已有的模型或者产品进行改进——哪怕这种改进很微小。你可以使用这些测试产生的数据在文章中批判这个模型或者产品。

文献综述导向

将话题定位为一篇文献综述对很多短学位论文写作计划而言也是很有吸引力的选择。在栏目 10.1 中，这个学生在论文引言部分便提及了这篇文章的定位。

个案研究案例 170

栏目 10.1　标示文献综述导向

论文题目

社区参与：妇幼初级卫生保健活动的关键要素

引言节选

这篇文献综述的主要目的在于呈现在卫生保健的背景下，综合分析与社区参与、初级卫生保健（primary health care，PHC）和妇幼卫生保健（maternal and child health care，MCH）概念相关的主题和争议。众所周知，有关社区参与宏观概念的相关文献数量众多，然而，这篇综述主要集中于与妇幼初级卫生保健活动相关的社区参与。第一，我们将沿着初级卫生保健纵贯或者横切的方面来回顾与社区参与相关的不同理论、实践和方法。第二，我们将回顾探讨妇幼卫生保健和女性参与健康相关关系的研究。第三，我们将规划一下未来的研究框架。这部分之后我们还将总结一下未来研究的主要问题和可能方向。

当然对你而言还有很多种其他的可能，或者你的研究定位取决于你的学科对你的期待。

限制因素

短学位论文除了要明确具体定位以外，还需要有一定的批判性（参见第 2 章的“批判性地处理信息”部分），但没有必要在一个话题上讨论到详尽无遗。研究范围可能会受到以下方面的限制：

（1）文献综述需要有一定的选择性，可能仅限于那些允许你将自己的研究纳入其中并将其作为研究背景的基本阅读和最新研究。

（2）数据收集应该保证小范围且本土化。你将最可能与那些容易接近的对象一同工作，实施访谈或者测试，进行简短的调查，或者是实施可操作的实验。

（3）虽然逻辑严谨，但议论和讨论毕竟较为有限，因此将研究结果推 171

及其他情境之下并不是短报告的目标——尽管研究者可能需要保证对结论的推测是有依据的（参见下文的“学位论文结论”部分）。

10.5 组织一篇学位论文

组织一篇学位论文是一个自然出现的、持续的、发展的过程，这个过程要求你不断地拟稿再拟稿，将你的观点逐渐推向成熟，写作过程中文章的细节也会逐渐完善。

本章接下来讨论的那些策略是用来帮助你进行宏观层面组织的——划分文本、整体组织、组织论文章节、对文章整体进行控制，以及组织论文的每一个部分——摘要、论文引言和论文结论。可以回顾一下第 4 章“使结构合理的原则”，那一章涉及了头脑风暴和思维导图技术，列出顺序大纲，有效使用小标题，控制段落长度来抓住主旨以推进你的论文或者整体论点并控制句子的结构，从而将文章要点集中，避免读者错过它们。

划分文本

学位论文的段落通常是根据图 10－1 的顺序来划分的，虽然有时略有不同。短学位论文通常不需要原创性声明。

论文封面 原创性声明 致谢 摘要 目录 图表等列表（可选） 简写或者缩写列表（可选）	→	**正文前**
引言 部分和/或论文章节 结论	→	**论文主体**
附录（可选） 文献或者参考书目	→	**结尾**

图 10－1　论文的基本划分

关键点 172

看一下你所在机构的政策或者指南中是否有对正文前的文字和字数的具体的规定。

你需要牢记以下几点：

（1）目录中的页码对应的应该是每一章开始的页码，而且可能包括其内部章节或者部分页码——你可以按照实际情况调整。当然，目录中的页码还应包括附录和参考文献的开始页码。

（2）正文前文字所对应的页码通常用罗马字符标注（Ⅰ、Ⅱ、Ⅲ、Ⅳ、Ⅴ、Ⅵ、Ⅶ等）。不过在极少一些情况下，正文前的文字也会以不标注页码的形式出现，所以请回顾你学科的相关规定，确认一下这一点。

（3）文章正文连贯的页码编排都使用阿拉伯数字（1、2、3、4、5、6、7 等），从第一页的引言开始，排列到论文的最后一页。

主要的组织策略

学位论文的组织和写作是一个非常耗费智力的工作。以下两个策略能够对前文提到的许多要点进行补充（参见第 4 章“使结构合理的原则”）。

策略 1：充分利用字数

当你要开始组织论文了，你可以先想一下字数的问题。根据你论文规定的总体长度，你大概在每一章要写多少字？如果你倾向于多写，可以在分配给每一章具体字数之后从较少的字数开始写（比如说，估计一篇论文字数最少是 7 000，上限是 8 000）。审阅人通常更欣赏紧凑一些的论文。

策略 2：应用核心问题表

不论什么学科，所有的论文写作者都需要准确地表达出他们正在做的是什么，以及他们为什么这么做，他们想要证明什么、展示什么或者讨论什么。所以，当你组织论文的时候，可以调动表 10－1 当中的问题集来整体设计论文、论文章节和部分。你可以先尽己所能做好写作前的构思，然后在写完各个章节之后重新调动这些问题。

正如下文将要解释的，回答表 10－1 中的“是什么/怎么做”的问题可以帮助你展开一篇学位论文的论述。

173 **表 10－1　组织文章各层次的核心问题**

是什么？ （研究主题）	为什么？ （研究目的）	怎么做？ （研究方法和程序）	什么/那又如何？ （研究意义）
你的章节标题如何根据你在论文引言中提及的整体研究的主题展开？ 是否每一章的章节标题都能够很好地表达这一章节的主题（可能在章节写完之后需要调整）？ 你是否在每一章的开篇引言处提供了一个简洁的大纲来精确说明你要涉及/讨论的问题？ 你的子标题是否能够概括每章所涵盖的问题（列出所有子标题然后打印出来）？	为什么你在每一章都讨论这一主题？ 你研究的主要目的是什么，或者你希望在每一章所回答的问题是什么？ 每一章的标题如何与你在文章引言中提及的总体目标相契合？ 在不同的子章节中，你是否明确了每一章的特定主题（请打印出来进行检查。学习第 4 章的“有效使用小标题”部分可以确保你的标题能够概括每一个子章节的真正的关注点——如果有必要的话可以对其进行调整）？	在每一章的子章节中，你如何组织你的讨论？ 具体而言，你要做些什么？你会以何种顺序做这些事情？为什么？ 这将包括考虑你章节的标题以及它们在论文整体中的逻辑顺序，还有子标题和它们在章节内部的逻辑顺序。 最好的安排是能够保证每一章直到全篇论文讨论的连续性。	在展开讨论和议论时，你想要说明的主要观点是什么（回顾第 4 章的“撰写文本”部分）？ 在完成初稿之前，你可能还不确定这些观点或要点。但是，如果你已经很清楚其中的某些要点了，在组织内容的时候就要把它们写下来。 回答“那又如何”这个问题在写作的时候非常关键。你需要在讨论的意义中提及这一点，这样可以避免给你的读者留下疑问：“那么，我现在接受你的观点，这个非常有意思（比如，这是一篇有批判性洞见的分析文章）。但是，那又如何？你为什么告诉我这些——它的意义是什么？”

关键点

在写作中思考关键问题“那又如何”的时候要经常停下来。在写作的过程中要一直追问自己：我论证/讨论的目的到底是什么？

学位论文的观点

174

以“论证”来理解“学位论文”尚不能引起所有研究者的共鸣。但是，如果你的学位论文被认为是一种连续性的写作，那么思考“论证”会非常有用，因为这种观念会让你牢记要证实你文中提出的所有知识观点，同时保证整篇文章发展脉络的连贯性。

关键点

在你的页眉处键入“写作中的论文”，这样它就可以出现在你所有草稿页面的顶端。这一方法在你的写作中会非常奏效，它会提醒你每一章节都需要对论文整体发挥某些作用。

对某些学生而言，清晰地证实一篇学位论文中的论点就像是要击中一个移动的目标——很难。也许换种思考方法会有所帮助，比如像下面这样：

我认为我总的论点是什么？

我希望传达给读者的最重要的信息是什么？

通过整篇论文的论述，我在整体上想要提出哪些观点？

为什么别人会想要读我的论文？这篇论文的新颖/不同/重要之处在哪里？

你的学位论文就是对推动你研究的重大问题进行一个又一个的回答（比如，为什么要提出这个问题，造成这个问题的原因是什么，怎样进行研究或者怎样改进研究）。即使是一篇粗糙的写作中的论文也会对你早期的结构化工作有所帮助。将你的学位论文浓缩为一句话，不要多于两三行，如下：

本论文讨论的是……

（陈述经常以宏观的一般断言的形式出现）

下文这个例子包括了论文的观点，这个例子的引言中写道：

> 我将讨论的 X［国家名］在环境保护法执行和合规方面的不良记录不能仅仅用环境法的某些方面来进行解释，而应该被视为 X 的社会、政治和法律制度的本质的后果。

175 这篇短学位论文所做的一切（结果）都是为了推进上述观点（论证）。

10.6 章节结构的选择

博士论文通常都有八章或者九章，短学位论文则大约有四章。字数可能会影响你的章和/或节的数量，而你所使用的结构化原则、研究类型等等也会有影响。你所在学科可能会更偏好某种基本结构，你应该首先考虑学科的规范。也许你的导师会给你推荐本学科中关于结构化和学位论文写作的有益资源，比如在市场营销和相关领域可能会推荐佩里（Perry，1998）的书。

科学模式

如果你是在实验科学的领域做研究，那你在组织核心章节的时候会使用以下模式的某种变体：引言，材料和方法，结果，讨论。这一模式的细节我们在第 9 章的“实验或技术报告”部分讨论过。我们可以称之为科学模式，当然并不是所有的科学论文都会使用这一模式，但是科学以外的一些学科也会使用这种组织结构。

社会科学模式

社会科学模式并不仅仅限于社会科学的研究者使用，其通常在前三章或者前四章都有一种既定的章节结构，比如引言、文献回顾、方法论以及可能的理论。之后的章节可能根据文献阅读以及/或者资料搜集和分析中发现的主题或者问题集来进行组织——对这些章节的组织取决于你的研究定位（尽快开始尝试组织之后的章节）。

以例证为基础的模式

有些学生（和导师）认为使用这种特殊方法组织论文很有价值。他们会运行自己的数据，为每一章生成不同的例证（比如表格、曲线图、平面图、条形图或者饼形图），然后考虑在每一章如何对这些结果进行排序，从而形成文章的结构。

在这种模式中，研究者在开始每一章的写作之前就需要耗费大量的精力做准备工作。使用大量数据作为例证的研究自然更适合使用这种组织方法。 *176*

顺序模式

你的研究也有可能是那种很容易适用于顺序模式的类型，在章节的排列中本身就有内在逻辑，比如说某个学生的研究背后的支撑材料是历史年代表。从欧洲人进入前的地标变化，到欧洲人进入后的地标变化，再到现在正在发生的变化——他的论文就是按照这一结构来组织章节的。

开放的模式

在开放的模式背后并没有一种预定的结构，众所周知这种方式非常具有挑战性，因为研究本身并没有内在形式（通常以阅读为基础）。

个案研究案例

栏目 10.2　早期的结构尝试对开放的模式非常重要

一个学生通过对论文结构的不断尝试在第一年末确定了论文的结构模式，他对这一挑战的解决策略是使用了摄影结构模式：第一章大概回顾了（广角镜头）两位诗人所倾向的两种不同的西方超自然主义传统，还有他们的不同偏好的概念和意义。然后在第二章，他使用中景来分析两种传统和西方形而上学之间的概念联系，这和吸引两位诗人的文学运动以及他们支持的文学批评类型有很大关系。然后，第三章和第四章逐渐放大到近景，通过详细分析诗人早期的诗作来展示每一位诗人的现实概念建构是如何被他们所持有的西方超现实主义的不同传统所影响的。最后，结论部分建立在前面四章的基础之上，展示了每位诗人诗歌作品的概念变化是怎样映射他们所偏好的西方超自然主义态度的逐步变迁的。

177 如果没有关于学位论文结构的学科要求，那么在研究阶段，你可以多创新多尝试，也可以就多种可能的结构与导师进行讨论。让你的论文目标来决定你论文的最好结构。你的章节结构将从你研究中涉及的主要问题或者你希望讨论的重大议题衍生而来。下文中的“直观地绘制出核心章节”部分中的例子，来自一篇个案研究类型的学位论文。

10.7 获得对论文整体的控制

为了获得对学位论文整体结构和发展的控制，我们将给出几种不同的策略。

直观地绘制出核心章节

直观地在纸上或者使用电脑绘制出核心的章节，对有些学生很有吸
178 引力。你可以花一些时间研究一下图 10－2，这是一个学生成功尝试将核心章节可视化的例子，他一开始就决定好了自己论文章节间的逻辑关系。他的论题是《将原住民纳入 X［国家名］保护区管理的法律/政策框架》。

这个核心三角的每一个基本问题——治理、可持续利用和财产权认可都会在之后的章节中被单独讨论（论文的第四章、第五章、第六章）。这些章节分析了从案例研究中得到的数据。每个案例都分析了与相关圆形中

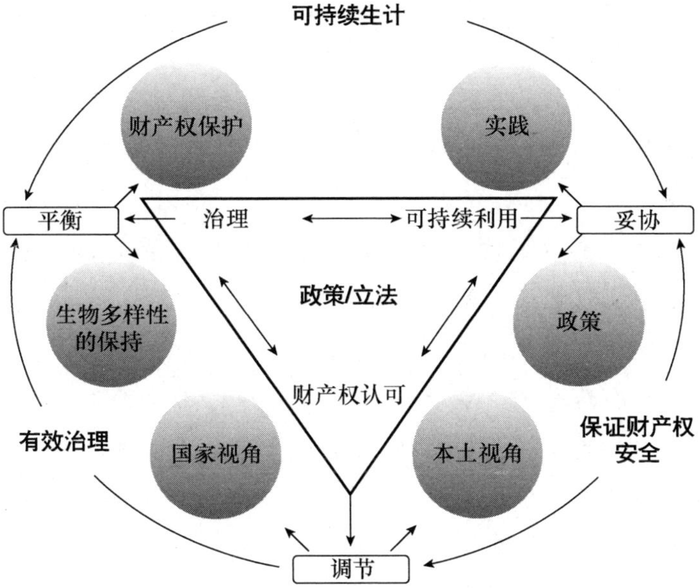

图 10－2　电脑绘制的论文章节模型

描绘的内容有分歧的内容：在“治理”层面平衡财产权保护和生物多样性的保持；“可持续利用”层面上在政策和实践之间妥协；在“财产权认可”层面上调节本土和国家的双重视角。

论文的第七章提供了对三个问题的意义的比较分析，第八章对这一主题进行扩展讨论并且提出了一种合适的政策框架，这一框架考虑到了可持续生计、保证财产权安全和有效治理（论文的前三章分别涵盖了引言、理论和方法等内容，没有被包括在上述模型当中）。

目录

在开始写全文的初稿之前，一定要尝试建立一个合理的目录（table of contents，TOC）大纲，尽管在完成写作的过程中它还需要被不断修改。你可能并不喜欢按顺序写作，因此，当你在写不同章节的时候，目录大纲是一个非常有用的向导。

练习：制作一个目录

这个练习的目的是在不同的论文章节中寻找它们之间的逻辑关系，而不是仅仅列出你想讨论的话题（参考第4章的“顺序大纲”部分）。

第一步

有些导师要求他们的学生写出一个粗糙但完整的引言初稿，有些导师则希望学生以要点的形式回答以下问题：

179 你研究的话题是什么？你在解决什么问题，你研究的目标和问题是什么？为什么这是一个重要的研究问题？你希望给这一研究领域带来哪些贡献（如果有必要的话）？你在引言部分需要进行怎样的分段？

尽可能清楚地回答以上问题，然后建立你自己的章节大纲。

第二步

现在请应用表10-1中讨论的核心问题集——是什么？为什么？怎么做？什么/那又如何？——来分析文章各部分之间的逻辑关系。这样做将使你考虑到以下问题：

(1) 不同章节的关注点和目标是如何与你在论文引言中提及的整体研究目标相契合的。

(2) 你编排章节、分支和文中其他部分的方法是否是最佳办法——它们是否展示出了逻辑连贯性。

(3) 你希望在不同章节提出的主要思想（如果你知道的话）是否有助于提升你整篇论文观点的连续性或者整合你的观点。

和你的导师讨论你的论文大纲，根据导师的意见调整大纲，然后尽快继续写作。在这个任务上花费的时间不要超过两到三周。

详细的论文大纲

使用一个详细的论文大纲（detailed thesis outline，DTO），目录就有以下两种扩展方式：

(1) 我们附上一个两到三页的论文导言，展开介绍文章讨论的内容（比如不同的关注点、研究目标/目的/问题、所验证的假设、研究要点中所讨论的问题、方法或者理论、论文结构的大纲、论文陈述）（比如在论证中的陈述）。

（2）在目录每一章的前面都加上一到两段文字，提供一些对细节内容的介绍，比如你将做什么，你这么做的原因，以及你将如何做，还有你希望表明或者证明什么——写清楚每一章的整体讨论内容。

当写章节引言时，学生通常使用这类词和短语，比如：介绍、概述、验证、呈现、分析、提供了一个回顾、讨论、得出结论、目的、目标、总结、回顾、证明、这说明、文章说明、为了证明、我认为……等等。我们 180
看一下这个例子里的开头：

> **第三章在可持续森林经营理念的背景下，探讨了** X 从工业林业到社会林业再到社区林业的历史发展脉络。**这一章重点分析了** X 在五个主要阶段的以森林为基础的发展，从而理解该国所经历的森林退化的各种原因。**本章展示出** X 的森林发展是如何被一种技术方式管理，而没有将森林管理的社会因素纳入考虑当中的。最后，**本章介绍了** Y 的 SEP 这种新型可持续森林管理方式。（强调由本书所加）

详细的论文大纲能够做到怎样的程度完全取决于你是在写作的什么阶段编写它的：写出第一篇全文初稿之前；在第一篇初稿完成后你对全文有了更多的把握时；或者在你章节写作卡壳的时候。尽你所能做好即可。

很多学生确实觉得做一个详细的论文大纲要求非常高（需要很多复杂的思考），但是他们到最后会发现这项工作是非常值得的。

个案研究案例

栏目 10.3　学生报告了很多撰写详细的论文大纲的益处

我们鼓励一组正在写论文的学生去撰写详细的论文大纲。他们说，这一做法“降低了焦虑感”且“提升了信心”。

这是因为他们现在对“整个研究是怎么被联系在一起的”有一种强烈的感觉，这里引用的是学生的原话。

或者正如另一个学生评论的："详细的论文大纲对我来说的最好之处在于，我能够完全集中于（论文中）极为微小的点。我在写作的时候能够知道文章的所有材料是如何被整合在一起的。"

还有另一个学生是这样说的："我的目录做得很好，但是我仍然不知道应该如何展开每一部分的讨论。直到我使用了详细的论文大纲，它帮助我理清了我的讨论，即我希望在每一章中表达的内容。这真是太棒了。"

181 详细的论文大纲的写作很程式化。你在实际写作中可以将引言写得更加富有创造性，但是仍然要清楚地阐述主旨思想、目标和程序、你论证的章节以及其他有必要的内容。

10.8 学位论文摘要

摘要有不同的关注点，长度也在一页到三页不等。短一些的摘要主要集中于对研究发现的阐述，而长一些的摘要则讨论更广泛的内容，如图 10－3 所示。

摘要总是在论文写作的最后一刻被匆忙完成。这一内容非常重要，因为它是你的论文带给审阅人的第一印象。它也被其他一些研究者用来决定是否需要费力阅读文章的全文，如果你的文章没有发表，这可能是别人了解你的研究的唯一途径。千万不要为你的博士论文写一篇结构混乱的摘要，它会在学位论文摘要（Dissertation Abstracts）等全球数据库中被所有人看到。你可以考虑一下图 10－3 中提及的核心问题，并且利用那些适用于你的研究和学科的内容。

通常二分之一或者三分之二的摘要内容都是在讨论结果/结论以及结果对过去和未来研究的意义，当然，你还可能希望占用更多篇幅来讨论一些你认为非常重要的其他方面。

大概 1/3 的篇幅		为什么进行这项研究是重要的？（对博士来说：对你所在的研究领域，这篇论文的贡献是什么？） 你探究的范围是什么？对这项研究是否有某些限定（然而你肯定已经在你的引言中指出这一点了，但是仍然可以在摘要里再次说明）？ 你实际上做了什么？ 你研究的目标/问题/假设是什么？ 你采用了什么方法（如果需要的话，讨论你的方法论，你如何达成目标，使用了什么模型或者理论等）？
大概 2/3 的篇幅		你的研究发现是什么？清晰地陈述你所达成的研究结论并且讨论一下你是如何获得这些成果的。 同时，说出它们的意义。也可以提及任何开放式的结论发现，并说明理由。

图 10－3　组织一个摘要的核心问题

10.9 学位论文引言 182

你的引言的目的是向读者介绍你在文章正文中所呈现的研究：你研究的核心和范围，你所做的选择的理由，你的研究程序等等。在思考下面的问题时，你要牢记，引言在影响读者对你论文的阅读预期方面有着非常重要的功能。写作之前，一定要咨询你的导师，明确你的学科在引言的长度、重点以及组织方式上是否有某些偏好。

关键点

你在引言中所述的做法和你在正文中真正做的要保持一致。

为引言的写作安排好时间

你如果已经完成了一个经过深思熟虑的目录或者详细的论文大纲，那在写作引言的时候不会有太大问题。导师通常仍然会建议学生在开始第一稿写作前先写好引言，尽管为了适应写作过程中进行的各种改变，它肯定需要被重写或者重新整理。

聚焦引言

决定什么信息需要被包括到论文引言中，而哪些内容需要被放到每一章的开篇处是非常具有挑战性的。正如表 10－2 所示，这主要是一个有关范围的问题。

这里呈现的问题集可以帮助你聚焦或者发展你的引言，也许在此过程中可以使用小标题——基于你学位论文的类型和长度选择其中相关的内容，如果有必要的话也可以纳入其他问题，比如下面这些：

（1）你调查的主题或者你的研究重点是什么？在引言开始之前的一段或者两段清楚地阐明这一点非常重要，这样能够使你的读者轻松地将后文的讨论置于全文的背景中。

（2）研究所展示的目的/目标和/或假设是什么？你是否需要同时提供一个问题说明？

183 **表 10－2　总体和章节引言的信息范围**

论文引言	章节引言
论文引言的目的是使读者了解论文正文所介绍的研究。 引言需要包括所有读者为此阅读做准备所必需的信息，让读者了解你研究计划的具体细节：这篇文章集中讨论了什么，研究的背景，研究问题或者推动整个研究的目标（应该足够广泛以包括后续具体章节的内容），所应用的研究方法，你想要呈现的讨论等等。 有时候你需要为特定章节保留对一些问题的细节讨论等等，并且标识出这些问题将在哪一章被深入讨论。	章节引言也发挥着类似的定位功能，它们主要向读者介绍每一章的研究焦点、目标、程序和论点，并且给所有读者提供阅读本章所需要的必要信息。

（3）你是否需要表明你的研究范围的合理性（划界）？你可能需要明确告诉读者你要讨论什么、你不会讨论什么以及为什么，这也许能抵消某些潜在的批评——批评者批评你没有做某事，而你并未打算涉及它。

（4）为什么你做的研究非常重要？你能够证明它的重要性吗？或者你的研究是如何区别于同领域的其他研究的？你的研究会对知识领域带来哪些贡献？在整个研究脉络中你的论文处于什么位置？（所有这些都可能基于语境实现，见下一点。）

（5）为了设置场景、提供“大图景”（big picture），你需要提供多少语境或背景信息（在有些论文中这部分内容可能非常多，篇幅甚至可能多达 20 页以上）？根据读者的需要思考你要涵盖哪些相关内容：为了保证你的审阅人能够很好地进入你论文的正文主体部分，你需要提供什么背景材料以及提供多少背景材料？

（6）你的引言部分是否会设计一个正式的文献回顾（有时候被用来提供语境信息）来提炼出你要讨论的问题？或者文献回顾被放在其他地方？或者完全不需要文献回顾？

（7）你是否需要解释你的方法论、田野研究或者实验程序，或者对你论文的理论框架进行讨论？以小结的形式或以独立的章节的形式讨论？还是完全不需要讨论？

（8）你是否会纳入一个分章节的论文大纲？如果没有，你会用什么其他的方式来呈现你论文的整体结构？你将用何种方式展示你将做什么，你将如何组织文章的结构以及你希望在不同的章节中说明或者证明什么？

（9）还有没有其他你希望加入的与你的研究和学科相关的问题？

10.10 学位论文结论

论文结论是你可以回溯并整体反思你的整篇论文的时机，你要提出你认为重要且有意义的观点。结论的一个基本的功能是“总结那些为达到研 184
究目标所取得的进步”（Oliver，2004：151）。研究结论更高阶的功能是呈现出你在这一学科领域怎样推进了知识的发展，也许还要在实际意义/应用价值方面证明你研究的价值，并思考进一步研究的可能。

正如邦顿（Bunton，2005）指出的——他对科技领域以及人文社科领域的以学位论文为导向的博士生的结论进行了深入的讨论——基于不同的学科和研究要求，论文结论在小标题、长度以及复杂性方面都有很大的不同。你的结论可能非常简单而且直接，或者它可能很长而且复杂，并且非常需要写出每一章的总体研究结果和结论。在进行更复杂的结论的写作时，学生还经常回到目的/目标/问题/假设等提示研究信息的内容，从而有助于在处理研究结果类别和分析它们的意义时将其结构化。

处理论文的结果

仅仅列出或者重复你在不同章节的发现——第一章展示了什么，第二章展示了什么等等——并不能在寻找研究发现方面给你提供任何洞见。你不仅需要将各章节的发现变成一个连贯的整体，还需要思考你将赋予每个结论怎样的影响力和重要性。

传达重要性

并不是所有的研究结论都是同等重要的，所以你要通过思考以下这些问题来将结论划分到不同的重要等级：

（1）通常我认为文章中最重要的研究结论是什么？为什么？

（2）哪个结论具有的重要性等级要高一些或者低一些？为什么？

（3）有没有一些特定的研究结论是我希望特别强调的？为什么（可能因为它们比较不寻常、惊人或者出人意料）？

（4）我的方法论或者其他方面是否影响了我研究结论的信度和效度？这些是否需要被讨论（比如研究设计中已经被考虑到的研究偏差）（不要忽视对可能存在的研究局限的讨论，这些问题可能在你的控制之外，但是审阅人并不会忽视它们）？

使用这样的方法来处理论文的结果，你将赋予这些结果以新的关系，在最终的分析中对你的研究意义进行全面的综合。

185 提出研究意义

处理论文结果包括谨慎地提出你的研究结果的意义。你的研究结果可能在研究方面（比如理论的、方法论的或者模型上的意义）或者实践层面（比如被应用到工业、政策或者立法方面等）有着重要的意义。

较为常见的做法是将文章的研究结果置于过去和未来的研究背景

之下去评价，可以讨论以下几个方面：你的研究结果对前人研究的支持、质疑或者挑战以及理由（在结论部分，从你的研究结果回到文献——与文献回顾正相反的模式）；你的研究对未来研究的意义——可能你的研究提出了更多需要被讨论的问题或者议题，暴露出了以往没有被发现或者需要被重新定义的问题，或者提出了重新修订的假设等等。

短学位论文的作者可能需要对进一步的研究提出建议，但是这并不意味着你不需要对自己的研究意义进行深入阐述。

个案研究案例

栏目 10.4　提出研究结果的意义会给你的结论增添趣味

一篇短学位论文研究了一个民选政府的衰落，从而确定参与这一衰败过程的核心成员是否在国家的宪法框架之内行动。这个学生得出的结论认为，答案是肯定的。但是在她看来，其研究的主要应用价值在于在 21 世纪的背景下，我们可能需要反思宪法本身。她在结论中提出了这一点，并为她为什么确信这种回顾实为必要提供了引人深思的理由。

将推测落到实处

你研究计划的意义可能是复杂且可变的，这会将你引入推测的范围。比如，某些结果可能会产生超出你研究范围的影响，而且事实可能确实如此。但是你需要保持头脑清醒，保证这些推测仍然处于你正文发展出来的讨论范围之内。将你的推测落到实处，不要让它们从边界中游离出来从而显得遥不可及甚至可疑。

关键点 186

使用非断定性的语言（比如看起来、可能、也许、它可能是、有可能地/可能、大概可能/不太可能）来应对推测的不确定性。

10.11 组织一个学位论文写作小组

在写学位论文期间，你的研究生同学是很重要的个人和学术资源。论文写作小组会是富有成效的学习小组，它将提供反思组织和写作论文的复杂性的机会，也有助于分享同行对你论文初稿的看法和有益反馈。同样，你还能和你的同伴分享你的不满、挫折、挑战，当然还有成就感。而且，如果你们都在进行独立的研究，这样的小组能够减轻你和你的同学可能正体验着的孤独感。

如果在你的研究环境中没有此类小组，而且你认为（在学校或者在线上）成立一个这样的小组会非常有帮助的话，你可以根据以下步骤完成对论文写作小组的组织。

练习：组织一个学位论文写作小组

第一步

首先，联系一个合适的行政人员（比如一个研究生助理），获得你所在研究组的电子邮件地址清单。然后发送一封非常友好的邮件来确定大家参与的兴趣程度。使这类小组良好运作的关键就是参与者的承诺。

第二步

确定兴趣程度之后，你可以组织第一次会议来确定小组的运作方式。你需要考虑以下问题（如果你想组织的是线上小组，需要对这些建议进行适当调整）：

（1）你是否希望你们的小组只对学生开放，并且大家需要阅读每个人的大纲和草稿，同时定期见面对这些内容进行反馈，然后讨论写作挑战的应对策略等等。

187

(2) 你是否愿意保留不时邀请写作专家或者学者来小组中以解决问题的可能。

(3) 你想多久举行一次会议，开会地点定在哪里，会议的时长为多久，是否要预先发放会议材料，是否会提供点心等等。

(4) 考虑你们组织将遵循的章程是什么。通常这类组织是民主的，小组成员负责分发自己的草稿副本给各位同学，阐明他们在此写作阶段最想要达成的反馈效果，也许他们还可以为自己负责的会议部分安排议程。人们也喜欢聊天并且开开玩笑。你和其他同学可能在最开始会尝试批判性地评估彼此的工作，但善意的批评总是受欢迎的，对一份草稿的更积极的评价也会更加受欢迎。

10.12 进一步的资源

Biggam, J. (2008) *Succeeding with your Master's Dissertation: A Step-by-step Handbook*. Maidenhead: Open University Press.

这本书是学生在初次进行短学位论文写作时的最好参考，其中呈现了详细的过程信息并且指明了学生经常犯的错误。

Bolker, J. (1998) *Writing Your Dissertation in Fifteen Minutes a Day: A Guide to Starting, Revising, and Finishing Your Doctoral Thesis*. New York: Henry Holt.

这本书是前互联网时代的参考书，但是同样激励人心。书中包含了合理写作的原则，并且提供了并不过时的关于“如何做”的建议，比如通过自我反思和写作管理来提高效率。

Dunleavy, P. (2003) *Authoring a PhD: How to Plan, Draft, Write and Finish a Doctoral Thesis or Dissertation*. Basingstoke: Palgrave

Macmillan.

这本书没有对有针对性的信息进行深入研究，而是将写作过程变成了非常具有可读性的旅程，其中包含了很多有见地的评论、具有启发性的想法以及实用的建议。

第11章

汇　报

目标：

通过应用本章的策略、完成本章的练习、遵循本章的程序步骤，你可以有以下收获：

- 理解并且区分教学汇报和研讨会汇报的主要预期差异。
- 聚焦并且形成一个摘要，从而增加你的会议论文被录用的机会。
- 发现那些影响海报设计的主要因素，并且发展设计自己的海报的能力。
- 发现那些对计划能否成功有影响的实践。
- 了解在不同的汇报场合如何最好地利用可选的格式选项。
- 避免在幻灯片放映过程中出现技术问题。
- 发现能够有效管理听众、演讲场地以及处理突发情况和紧张情绪的技巧。

这一章主要包括了常见的几种汇报模式：教学汇报、研讨会汇报、会议和海报汇报。我们建议你首先在本章的前半部分选择与你的汇报类型相

关的内容进行阅读，然后再阅读后半部分的综合性建议。在整章中我们都
189 对文本（文字材料）和图表（比如图片、照片、示意图、图表、点状图、表格、地图等）进行了区分。

11.1 口头汇报的性质

口头汇报是一种互动的形式，具有多种功能。图 11－1 呈现了其基本元素配置，展示了你在汇报中所要面对的关系。

汇报通常伴随着你提交给演讲者或者导师的一篇文章，这篇文章或者将在你参加的会议上被分发给大家，或者将在会议论文集上发表。但是，你口头汇报的内容可能和你所写的论文不太一样，这就是为什么在图 11－1 中这两者是分开的。

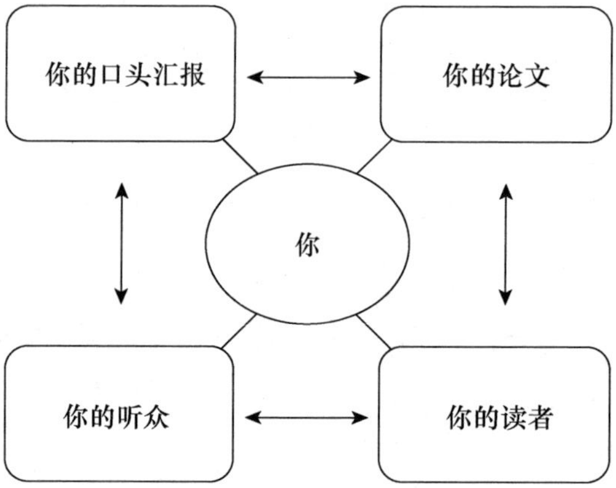

图 11－1　口头汇报的基本元素

汇报的特征

在汇报中，你需要做到以下几点：

（1）（尽可能地）处理多媒体演示的要求。

（2）根据给定的时间来设计你的口头汇报。

(3) 根据你听众的特点设计你的语言并且组织你的发言内容。

(4) 控制你的作品展示并且与听众互动。

(5) 使用一些能够吸引和保持听众兴趣的技巧。

(6) 当你在回答听众问题或者回应他们的反馈时，发展一种“站在他人立场思考”的能力。

(7) 控制通常出现在和听众对话阶段的紧张情绪。

注意在这些要点中被反复提及的“听众”，本章对这一维度多有强调。190
面对一群具有活力的听众既限制又拓展了你的可能性。

11.2 教学和研讨会汇报

教学汇报和研讨会汇报是研究生课程和研究的两种主要的报告类型。

课程型和研究型学生在介绍自己的工作成果时会有不同的目标和兴趣。但是，他们仍然有一些相似的问题需要思考，比如：作为一个课程型的学生，你是否要在你导师的辅导会上向你的同学和老师进行演讲；或者，作为一个研究型学生，你是否要给系里或者机构的其他学生和老师，或者从社区邀请而来的客人，提交一篇更为正式的研讨会论文？

明确预期

通过明确预期来提前准备你的课程或者研讨会。

明确格式的要求

向你的老师/导师问清楚是否有对你的汇报的特殊格式要求。这些内容可能已经在课程指南里被规定好了，或者它们可能已经在院系/中心的条例规定里被规则化了。在其他情况下，你的老师会简单地告诉你预期的内容。否则你就只能求助于自己的办法了，这种情况下一个有用的起点就是反思一下别的演讲者和他们的汇报给你留下了什么印象，你可以据此来生成自己的观点/策略（在这方面你需要记一些笔记）。

确定评估程序

搞清楚评价你的汇报（和文章?）的具体标准。在课程中，你演讲之前或者之后可能被要求提交一篇论文，这篇论文会被作为评价的一部分，而针对你的汇报和论文的评价标准可能会有所不同。老师也可能给你汇报的不同方面（比如，发起对重要话题的群组讨论的能力；清晰理解关键议题、程序或理论的证据；结构清晰、汇报内容清晰）以及你附上的文章（比如阅读的广度和深度、论证的质量和方法的可靠性）不同的权重。

作为一个研究型学生，你的汇报可能是对你的工作进行的某种进展报告，并且能够从同行或者其他同事那里获得有益的反馈。

191

在审查进展的研讨会上预先阻止批评

研究型的学生经常提及害怕在审查研究进展的研讨会中会受到过度批评，而且不幸的是，这种害怕有时候会成真，正因为如此，我们将管理紧张情绪的策略放到本章的最后一部分。

关键点

你不应该期待你仍在进展中的研究可以为所有问题提供答案。

如果你的研究仍然在进行中，其中就会有不确定性，也许还有不完整性或是你意识到的研究的不足。你可以尝试使用以下策略来回应批评：

(1) 在报告开始时就提醒你的听众这是一个还在进行中的研究，唤起他们的理解并且预先消除因听众把你当成专家而提出的批评。

(2) 给你的听众分配一个有用的角色。告诉听众你特别希望在哪些方面听到他们的反馈，这样你就可以充分利用他们的专业性。

给听众分配一个角色有助于抵消过度批评，同时可以让听众为你提供有益的反馈——只有你想要的反馈。而且，你如果担心你的汇报所覆盖的范围或者你演讲的结构可能会引发批评，可以再三告知你的听众为什么你会谈及这些材料，或者为什么你会如此组织你的发言。其他人可能并不一定能够看出你做这些事情的意义。

11.3 会议报告

本章后半部分的内容会涉及会议论文的写作，因此在这一节我们将聚焦如何确保你的会议论文被接受。

使你的论文被接受

在某些研究领域，会议论文需要提交全文。更常见的是，论文是否被会议接受取决于它的摘要。论文摘要由会议召集人征集，通常设有截止日期。会议可能还有对论文摘要结构的标准化要求，这都是你需要了解的 192
（比如，使用引言、材料和方法、结果、讨论的格式）。或者你还可能收到关于摘要格式和指定字数的要求，更常见的是只有字数要求。

你的摘要要和所有其他投稿人——也许是一些资深学者，在某些情况下甚至是来自其他领域的资深学者——竞争，你需要考虑到这些人的作品。

撰写摘要

如果会议设置了会议主题，那么会议通常希望它收到的摘要能讨论这些主题。请将主题关键词纳入你的摘要以表明你的主题和会议主题之间的关系。但是这就够了吗？有研究指出这是不够的。虽然这项研究的细节看起来并不相关，但是它确实给不少研究领域和学科带来了有益的启发。

勃肯克特和哈肯（Berkenkotter and Huckin，1995）在一次特殊的学术会议——名为“大学写作与交流”（College Composition and Communication）的美国专业组织的大型年会——上，报告了“守门人”问题。在1993年，有将近4 000个研究计划（一页摘要）被提交，而其中大约1 000个研究计划被接受进行汇报。最初他们进行了试研究（96个摘要），在大多数收到的摘要所具有的一般特征中剥离出成功的摘要独有的突出特点。随后的拓展研究报告了以下结果（Berkenkotter and Huckin，1995：

102)：

（1）所获评价较高的摘要提出的话题都是当前修辞和写作共同体中活跃且有经验的成员感兴趣的话题，而所获评价较低的摘要通常不是这样。

（2）几乎所有所获评价较高的摘要都清楚地界定了一个问题，那些所获评价较低的摘要则没有。

（3）所获评价较高的摘要都以有经验的内行眼中的创新而有趣的方式来讨论问题，但是没有所获评价较低的摘要这样做。

（4）所获评价较高的摘要通常更重视使用术语、特殊传统（传统主题、修辞或文字程式）和/或对领域内的学术文献进行直接或间接的引用，而所获评价较低的摘要并非如此。

正如表 11－1 所示，从以上两项研究中我们至少可以发现三个重要的意义，这些意义可能会在很多研究领域得到广泛的应用。

193

表 11－1　聚焦会议摘要的意义

意义 1	意义 2	意义 3
● 它将帮助你回顾你所参加的会议在之前几期的摘要——如果那些内容都发表了的话。 ● 尝试基于它们的特性对它们进行分组（参考下面的练习）。	● 你必须熟练掌握你研究领域的进展情况：熟悉文献，知道研究方向的转变，了解热门的议题和话题。 ● 在你使用学科术语并引用学术文献时，尽量证明你掌握了所有这些知识。	● 清楚地陈述一个问题，并且提出一种对这一领域中有经验的学者来说是有趣的（或者至少是有吸引力的）新方法或是不同的处理方法，并且将你的陈述控制在汇报允许的时间内，这些都非常重要。

练习：摘要撰写研讨

在开始写作摘要之前，可以查看一些相近的或者已经发表的会议论文，并且考虑以下问题：

（1）为什么听众对这类摘要感兴趣？

（2）这个作者有没有努力提供一些相关的背景信息或者语境材料从而让她或他的听众身处研究当中（背景信息内容的多少将取决于听众的性质——越是一般化的听众，越是需要更多的背景信息）？

（3）这个作者是否在文章中明确或者隐晦地表达了汇报研究的意义？

(4) 摘要是如何被组织的？回顾两到三个论文摘要，并且将它们拆分为以下步骤：第一，她/他做了这个；第二，她/他做了这个；第三，她/他做了这个；等等。同时，考虑作者在不同的步骤上所提供的细节内容。

(5) 你是否认为这些作者为他们对所在研究领域的熟悉感到自信？这种自信在写作当中是怎样被传达出来的？

(6) 你对所有的摘要都印象深刻吗？或者其中一些摘要给你的印象更加深刻？你如何评价这些你所回顾的摘要？比如说，用1～10打分的话。

11.4 海报展示

在有些会议中，海报展示非常流行。你可以询问一下专业的平面设计师，请他们给你提供一些建议（有些机构中有这类人）；或从你们院系有 194
海报设计经验的人那里获得帮助；或者和大部分学生一样，你可以自己设计。一些学生会使用 Photoshop、Adobe Illustrator 或者 InDesing 之类的电脑软件，还有很多学生只使用 Word 或者 PowerPoint。

在你的大学中寻找一下是否有画图区或者技术支持中心，它们也可能给你提供建议，并且让你能够免费或者以很低的费用使用一些器材，比如说彩色打印机、照片打印机、压膜设备等等。只要细心、肯思考，你也能够完成一张引人注目且有吸引力的海报。

可能影响设计的因素

一些外在的因素可能会影响你的设计，你可以根据以下内容提前做一些研究：

(1) 确定会有大量的海报展出——你的海报只是其中的百分之一，还是只有少量海报展出。

(2) 咨询一下海报的展览是独立的还是说你被期待站在你的海报边上提供额外信息并和感兴趣的人互动。

(3) 你如果还不知道的话，确定一下哪些位置将被用来悬挂你的海报。你将了解大概的尺寸和方位（垂直的还是水平的）。

(4) 确定一下你的海报将用什么悬挂——是使用魔术贴、纽扣还是别的什么（你如果不自己带好可能会出现差错）。

(5) 你如果需要长距离携带海报的话，比如说，参加一个国际会议，想清楚你脑海中设想的海报是否轻便。

设计原则

总之，海报是一个视觉组合体，或者如伍尔西（Woolsey，1989）等人更喜欢称呼它的那样，海报是一种“视觉语法”（visual grammer），你的主要关注点应在于如何使用文字和图像来辅助理解。

关键点

当涉及海报设计时，请时刻牢记黄金原则：简洁、清晰、简短——少量的材料比大量的材料好。

195

练习：设计海报

第一步

在开始设计之前，回想一下你曾经见过的且有吸引力的海报。你能够精确描述那些吸引你的特征吗？

确定你将使用什么风格的海报。你是想要一个大的单张海报（最为流行）还是由很多小块组成的海报（不是那么流行）？如果是单张海报，那这个海报的尺寸你想要多大？你想要使用什么样的背景？你对材料、类型和厚度的选择都受到海报是否需要压膜的影响——没有光泽的压膜比有光泽的好。现在你可以根据下面这三个步骤的建议来进行设计。

第二步

(1) 确定你要纳入文本的插图的比例，但是不要太过拥挤，能填满一张 A4 纸即可。

(2) 确定文本的内容，也许是一个题目、副标题、要点和/或后续的文字。考虑一个简短、简洁的题目。请无情地删除文本，这样海报就可以只传达最重要的信息。文本信息需要对图表内容进行补充说明。

(3) 在你的海报中用单独的文本片段的形式重写文本，并使用合适的字体、字号和变形，这将在下文的“使用图表的陷阱”部分进行讨论。

(4) 确定你将使用什么样的图或表（比如说图片、照片、图表、示意图、表格或地图）。

此时，问问自己：从比如说 15 到 20 英尺[①]远的距离看，我的文本和图表的可读性如何？比较一下 READABLE（大写字体）和 **Readable**（加粗字体）。放大的字体将在所占空间上发生变化，而且可读性也取决于字体的选择。全都使用大写字母并不是一个好的办法，因为对眼睛来说，阅读大小写混合的文字更容易。还有，你的图表将选择多大的尺寸？

第三步

以一种具有想象力和创造性的方式整合所有分散的部分（题目、副标题、分块的信息、图表等等），使用空间、图表和文本设计的不同比例来进行试验。尽量不要掉入“线性”编排的陷阱当中。另一种可能是使用曲线或者信息圈来分割海报，这可能是很有效的。

现在尝试在 A4 纸上调整文本、图表和空间的位置从而形成一个总体设计的模板。虽然人们习惯于从左往右阅读，而且经常聚焦于一份设计的中心，但是一些带有设计效果的海报并不是聚焦式的，而是可以从多个方向阅读对。在这个时候，你要随时准备好回去重新编辑文字、更改图表，或者如果必要的话，寻找替代品。留下适当数量的空白，否则你的海报会看起来比较拥挤——海报大概有四分之一的部分应该是空白的。 196

① 1 英尺约等于 0.304 8 米。——译者注

思考你想要什么样的颜色组合：比如背景、你想要强调的关键点或是确保整体构图在交流上的一致性（比如，对所有需要强调的要点或者对所有标题都使用同样的颜色/字体）。在你的电脑上尝试不同的颜色谱系；尝试强烈的对比色（比如，明黄色与蓝色或者绿色和紫色）或者在同一颜色上强调色调的变化。考虑使用两到三种颜色并结合色调变化，因为使用过多的颜色也会阻碍而非促进沟通。在从电脑屏幕转移到彩色打印机上之后，颜色可能会发生变化，所以最好做一个打印测试。在你放大海报之前先彩色打印一个完整的 A4 大小的海报。

从展示效果再回到整体的沟通效果——询问同事对这个海报的意见。你改变的这些内容是否提升了沟通效果？这一海报在一定距离观看是否清晰易读？图表提升还是降低了整体的沟通效果？

你也可以先将海报放置一段时间，然后再回过头来看。

第四步

认真检查你的海报的每一个细节。无情地编辑并且仔细地校对，因为你希望在放大海报的阶段不会出现错误。

现在你确认一切都已经就绪，可以放大海报了。从 A4 到 A2 大概放大了两倍字体高度，从 A4 到 A0 则是在字体高度上放大了四倍。

本章接下来将提供旨在帮助学生进行所有类型的汇报的一般性建议。一般的规则是，要想提高汇报成功的可能性——让它成为一个胜利的时刻——你要将你 90%的精力投入计划、准备和预演中去，而将 10%的精力留给演讲本身。

11.5 为了成功好好计划

设计一个汇报经常始于一个对听众的全面分析，除非你所在的研究领域有着高度专业的听众。

听众分析 197

如果你在课程上做汇报，你会了解你的听众——你的同学和课程老师。如果你是一个研讨会上的报告者，你的听众可能更为混合：既包括你的学科或者从其他学科来的工作人员和学生，也包括被邀请来的公众嘉宾，比如某些特定领域的从业人员。如果你在会议上汇报，确定听众的组成会具有挑战性。你可以从会议本身或者从那些发给你的注册材料中找出听众的特点，但是如果没有找到相关信息的话，你还可以询问会议组织者具体的参会人员的组成情况。你也可能正在上一些课程，这些课程要求你为你未来的职业生涯学习汇报技能。比如，一个心理学专业的研究生在设计一个汇报时，脑海里想的目标听众可能是年幼的孩子们。

练习：听众概况

这里的建议是你在报告之前应尽可能多地生成关于你听众的知识。

第一步

在每次演讲时，通过以下问题（在相关的地方）设想你听众的详情：

（1）听众规模；

（2）文化背景（比如英语/非英语语言背景和需要注意的其他跨文化的敏感性）；

（3）性别平衡；

（4）年龄构成；

（5）教育程度（比如高等教育水平、专科、只持有修业证书还是各种受教育水平的听众都有）；

（6）群体构成（比如本学科或者跨学科的专业学者/学生、学科领域内的专家、大学行政管理专员、专业人士、从业人员、商人、政府代表还是都有）。

第二步 198

现在你已经了解了观众概况，你可以思考以下问题以确定你的专属听众是否真的愿意听你想要汇报的内容，这和你的文章有多大的争议并没有多少关系：

（1）一般来说，你能够判断的三个关于你听众的兴趣的基本假设是什么？记下来。

（2）在研究兴趣和知识覆盖面上，你在哪三个方面可以和你的听众重合？同样把这些内容记下来（练习创造性地面对混合型的听众——你可能会惊讶于你的发现）。

语言的得体性

你的手里已经有了你听众的概况，为了适应你的听众，考虑一下那些你可能需要调整的汇报语言。

所有的学科都有专业术语、专业词汇、特殊的演讲和沟通方式，将这些作为起始点是不错的，但是这些对混合知识水平和专业的听众来说可能并不适用。例如，如果在一个高度理论化或者技术化的领域中工作，你需要根据你所有混合型听众的情况调整自己的用词。

口头交流适合较低的正式程度。保持语言清晰、简洁和凝练，降低正式性。第一人称（我）和第二人称（你）的使用在汇报中最为常见。因为你是在和听众互动，记住你是在和听众谈话，虽然并不像你和朋友聊天那么随意，但是也是非正式的，当然这并不意味着你不能听起来有力且专业。

地点的考虑

同时你也要考虑一下演讲地点，这一点关系到你希望如何与你的听众互动（我们之后会再回到地点的话题）。

座位和房间的陈设是否适合你的汇报类型？比如说，你希望你的听众坐在桌子旁参与工作坊的活动。再比如说，如果你希望你的听众参与小组讨论，那么阶梯教室和固定座位可能就不适合这次活动。

199

将“时间”纳入计划中

所有口头汇报的强制性特点就是你的汇报必须被控制在规定的时间内。如果要有效地管理时间，你就需要充分考虑你能够展开发言内容的时间（十分钟、二十分钟、一个小时或者更多）。简而言之，要在时间上做好具体的安排：你在向一群认真聆听的听众演讲；你要插入一些额外的内容辅助听众理解；你要在多个媒体间切换；或者你要通过幻灯片来解释图表。

关键点

一定要记住，你基于文章进行发言的时间一定会比你在书桌前通读文稿的时间长。

在制定时间线上一定要精确，比如多少分钟被分配给了引言、大纲、发言的不同部分、结论，而且你还应做一个测试以确保在汇报当天这样的分配没有问题（参见本章的“提前排练的价值”部分）。

11.6 形式的选择

最常见的形式就是幻灯片，尤其是使用 PowerPoint，或者是与下文提及的其他形式选择相结合的多媒体汇报，也包括我们在此处没有讨论到的其他媒体形式（比如影片或者 DVD）。但是，既然可以选择形式，那么在最终决定如何组织汇报之前，你应该尽可能详细地了解所有的形式可选择项。

使用演讲稿

如果你的发言非常简短，比如说发言时间在 10～15 分钟，你可以采用演讲稿的形式。这种情况下你一般要写一份 1 000 字左右的文稿。这可能看起来简单，但是实际上相当困难。

关键点

使用简短的发言，尽量向听众揭示出你的话题中什么是重要的，而不是通论整个话题。

200 发言时间较短会给选择带来很大的压力，你需要决定将哪些最重要的内容放入你的发言当中。你可以从以下这些问题开始思考：

(1) 我的主题中重要的/关键的内容是什么？

(2) 这一主题有哪些新内容？哪些内容会吸引我的特定听众的兴趣（回到你的听众概况）？

你所有的努力将集中在这些选择问题上，之后你可以确定你主要观点的大纲或者你希望发言内容所围绕的关键点。或者你可能会决定围绕着一系列图或表（比如表格或者图表）来展开你的发言，或者进行一个 PowerPoint 展示（注意下文“幻灯片技巧”部分的讨论）。

以读论文的形式进行汇报

如果你汇报一篇正式的长论文需要演讲大约 50 分钟，仅仅依靠演讲稿可能让你没有安全感，你可能更愿意读你的论文。或者可能你就被期待直接逐词逐句地读你自己的论文。

课程型学生

在课堂上，你可能被要求在 20～40 分钟的时间内读一篇写好的论文，该论文可能有 1 000～2 500 字，需要在期末作为作业提交，或者需要在汇报之后根据反馈意见修改。通常这类汇报在教学中进行，听众的同质性很强——基本上是同学或者老师。所以你在汇报时没有必要介绍太多与形式相关的内容，但是仍然应该强调你会以听众容易跟上你思路的方式来组织论文——你仍然需要考虑听众的需求。

你也可以关注一下“微调并进行排练”一节所讨论的策略（概览文

章、说明目标、适当重复、总结出要强调的关键点、不时停顿、控制声调和变化调节方式等等）。

研究型学生

你可能会被要求写一篇论文报告你的研究进展并进行汇报。这种情况下你可能会关心下面这些方面：

（1）尽量缩减过长的论文——40～50 页的论文或者篇幅更长的论文——以适应你的汇报时间。

（2）向不同学科/学术兴趣的听众汇报，这可能包括其他研究型学生和院系工作人员还有来自你所在院系之外的学生和/或被邀请的嘉宾，甚至更为复杂的听众。 201

（3）处理来自听众的问题和批评。

（4）管理紧张不安的情绪。

本章接下来的部分会讨论上述所有挑战。你还可以从你的导师/老师、其他工作成员或者更高年级的学生处寻求建议。他们中的很多人都是有经验的演讲者，他们都经历过同样的担忧和困扰。

重新编辑一篇长论文

有些研究生觉得他们既没有时间也没有兴趣重新写一篇长论文以便在限定的时间内进行汇报，所以他们通常会把论文中他们想要强调的部分拿出来阅读，而不对论文做任何改动。你可能会采用这种方法，或者更愿意重新编辑论文。鉴于在此处附上一篇重新编辑的论文作为案例是不太可行的，我们在这里提供了一些压缩论文的建议。

压缩论文的材料

汇报之前给你的听众准备好全文会让你处于很有利的位置，因为你不必再为你的演讲提供细节支撑。所以请去掉额外的细节，正是这些细节让论文朗读变得无趣——无论这些内容在论文中多么有必要。虽然你可以自由处理证明材料，但是如果需要补充细节的话，你可以引导听众参考你的论文，一定要做好准备，将听众准确地导向能找到详细信息的论文章节。

虽然你可能也想要朗读某些章节，但是你可以使用以下的策略来进行拆分汇报：

（1）**精练（condense）**——比如，以将一些关键点展示在胶片或者幻灯片上来总结一个较长的论述，或者单列出需要讨论的关键问题。

（2）**概述（outline）**——比如，将你的讨论框架、理论讨论、实验程序和方法论模型化或者图像化。

（3）**使用图像材料**——比如，利用表格、图表和图画来简洁地传递信息。

幻灯片汇报

PowerPoint 是幻灯片的标准媒体，它在你的研究领域中很可能是必需的。一个做得很好的幻灯片在展示时是有视觉美感的，而且会呈现出精致的专业主义氛围。

202 这类汇报如果由受众敏感型的演讲者来使用，一定非常精彩且有力。但是这种策略也并非总是有效，听众也有可能觉得这些汇报非常无聊，这样的抱怨大家都听得太多了。

耶鲁大学教授爱德华·塔夫特发表过关于幻灯片认知风格的专题论文，他指出：

> 一个汇报的形式至少不应该带来任何害处。然而 PowerPoint 通常扰乱、支配或者是忽视内容。因此，幻灯片放映常常看起来像一场校园狂欢——非常大声、非常慢，而且非常简单……PowerPoint 是一个能够有力地管理和投放幻灯片的工具。但是它常常不是汇报的补充，而成了汇报的替代品。这种误用忽视了最重要的演讲原则：尊重你的听众。（Tufte，2003）

忽视听众/内容的一个有趣的效果是记忆停滞——听众只要在 10 分钟之后就再也记不起演讲的任何内容，这显然违背了汇报的初衷。全面而批判地理解听众的兴趣/需求——本章已经在不同的地方对这个问题进行了讨论——与其他汇报形式同样重要。你可以对汇报形式进行选择，思考上文提及的其他汇报形式能够帮助你决定 PowerPoint 是否为适合你的汇报情况的最佳选择。学习一下下一部分，它提出了很多使用 PowerPoint 进行汇报的注意事项。

关键点

掌握幻灯片媒介并不等于掌握了成功的汇报。

在线幻灯片选择

PowerPoint 非常流行，但是学生也经常会使用在线的幻灯片放映服务来管理和/或制作他们的幻灯片。Slidesshare. net 和 Slide. com 提供了流行的在线平台来管理和展示 PowerPoint、Keynote、PDF 等格式的幻灯片。将你的汇报内容上传到这些网站不仅能够获得一个在线的"备份"（参见第 1 章的"备份你的工作"部分），而且还能利用这些公共平台分享你的工作和提升你的个人形象（不要忘记给你的汇报加上标签，这样人们才可以找到它们）。

其他工具还可以让你以非线性和更灵活的方式来制作幻灯片。你可以使用 Prezi. com 和 Vuc. tufts. edu 创作自由流畅的幻灯片，这些幻灯片能 203
够很容易地融入丰富的媒体形式。但是重申一点，注意不要沉醉于这些工具的"惊人"效果，保证汇报的清晰度才是你的首要任务。

使用图表的陷阱

当心不要掉入这些使用图表的陷阱：用图表代替对内容选择的思考，用图表来组织你的演讲。这会导致汇报者不能建立批判性的关联，或者为了听众的舒适而加入了太多信息，或者浏览图表过于迅速，所有这些情况都可能在幻灯片汇报中发生。如果演讲者展示了包含大量信息的非常复杂的表格或者数字，却在听众能够读完内容之前一闪而过；或者听众意识到打印材料上的内容字太小而难以阅读；或者汇报者提出了太多的信息却无力控制它们；或者汇报者用八张缓慢放映的幻灯片或是很多信息却只传达了一张单一表格的内容，使得听众难以了解整个图景——以上这些情况都会让听众感到沮丧。

幻灯片技巧

当设计和展示一个幻灯片时，请你考虑以下问题：

（1）你的目标是填充每张幻灯片的框架。

（2）在选择颜色时，为了达到最好的效果，可以考虑结合色谱上的对比色。注意千万不要将红色和绿色放在一起，因为这可能会使那些患有红绿色盲的人产生混淆。

（3）努力保持设计的一致性，比如在一系列的幻灯片中重复不同层次和类型的信息使用的颜色和字号。你的听众将会很快接收到这一交流信息并让自己置身其中。

（4）尝试不同的字体，因为一些字体可能比另一些更好。Courier New 字体很不错，Arial 字体或者 Helvetica Neue 字体也很好。避免使用全大写字母，因为那将很难阅读。重要的是你要让人们能够读懂你的视觉图像。

（5）一页幻灯片上的文本不要有多于五点的内容。要在每一点上压缩信息使每条信息不要多于 10～12 个词。

（6）保证图表材料（比如表格、图表、示意图和地图）只包含最必要的信息。如果涉及的内容真的非常复杂，准备好提炼出其中最重要的内容。

204 （7）在你的听众可以理解的地方使用缩写——这样可以节约空间。

（8）你可以考虑加入其他类型的媒体资料（比如，与其等待听众去阅读——比如一段较长的引用——可以加入这段话的录音将读转变为听的模式）。

如果你在准备一个幻灯片演示，确定你准备了一个可靠的备份以防突然发生什么意外情况。在你的硬盘（比如你的笔记本电脑）、优盘或网盘（比如使用 Slideshare. net 或者 Dropbox. com 这样的网络服务，甚至是给自己发一封电子邮件）中进行备份是非常谨慎的做法。

你应该将你的汇报保存为 PDF 版本。PDF 将保证你的作品在格式上的一致性，这样无论你在汇报时的设备使用的是什么版本或者品牌的软件，你作品的格式都不会受到影响。

11.7 微调并进行排练

任何一项汇报——包括海报展示——成功的关键因素，都是能够根据听众的兴趣和接收需要来满足听众的预期，所以你在设计汇报内容和进行汇报阶段都需要特别注意这个问题。

解密听众管理

成功汇报的基本要素就是有效的听众管理。图 11－2 中强调的关键点可以被纳入你的汇报计划。

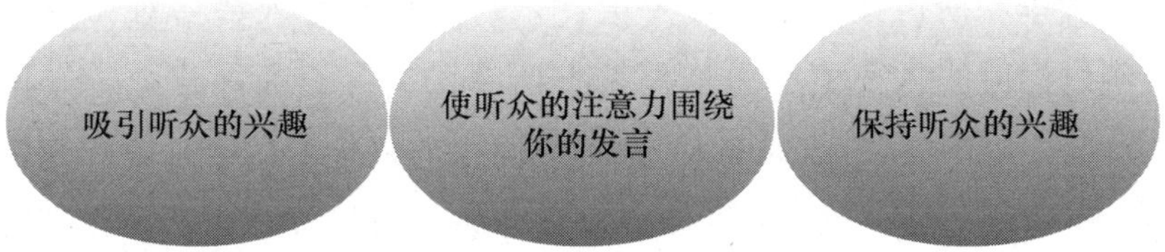

图 11－2　听众管理的关键方面

吸引听众的兴趣

在所有汇报的情境当中，你都需要引起听众的兴趣。

激情　避免对自己的话题显得缺乏热情（也许是紧张的结果）。实际上，激情是非常有吸引力的，比如下面这个针对广泛的一般听众的学术开 205
场白，看起来就很有吸引力：

> 科学有时候很神秘，有时候很让人费解，有时候让人沮丧。科学通常都需要我们努力工作，而且经常是我们努力工作了却收效甚微。但是科学总是让人兴奋的和引人入胜的。

幽默　如果看起来合适，你自己也觉得比较自如的话，你可以在自己的演讲中加一些幽默元素。比如，一个针对广泛的学术听众的演讲是这样开始的：演讲者安静地播放了一系列幽默的报纸漫画，话题是当时正被热烈讨论的学术待遇问题（引起了很多笑声），然后她说，“我知道你们希望我讨论这个，但是我将要讨论的是……”她显然抓住了观众的兴趣，而且引出了接下来要讨论的内容。

日常类比与比喻 这些都是非常棒的工具，因为它们是听众最容易联想到的。举例来说，有位工程师幽默地详细描述了一定会导致家庭房屋倒塌的各种结构管理不善的问题，并以此开始自己相当有技术性的发言，在此过程中他抓住了听众的注意力。

将你的论文和前面的论文联系在一起 另一个策略就是将你的会议论文和在你之前进行汇报的论文联系起来，即使只是对之前论文的一点偶然引用也可以成为吸引观众或者重新吸引观众的有效方式。这一策略在那种有主题的会议上尤其奏效，因为这会强化正在进行的汇报之间的连贯性。

关于教学和研讨会汇报 你要记住，并不是所有人都会对你的汇报感兴趣，所以你可能需要更努力地去挖掘听众的兴趣。在课程上，你将通过那些你认为能够激发和你选择相同课程的同学的兴趣的内容来指导你准备你的汇报。作为一个研究者，你可以在发言开始的时候提及你认为自己的论文和整体学科有着怎样的关系，或者它如何填补了当前研究领域的空缺。问你自己下面的问题：

为什么我在自己的研究中取得的进展可能会对更宽泛的学科领域的成员有吸引力（你可以设想，因为对你的话题感兴趣“局外人”也来了）。

使听众的注意力围绕你的发言

要想使听众的注意力长久地围绕着你的主题，你需要从思考下列问题开始：

（1）我的发言是关于什么的？

（2）为什么我要对这群听众讲这个话题（回到你的听众概况）？

（3）我如何进入这个话题？

206 在你的演讲中纳入对你所汇报论文的概述，你的概述要简单而清楚。记住你的听众是在听，而不是在读。听众不能回溯前面的要点，但是如果你采取以下策略的话，他们能够更好地在你这里获得信息：

（1）在你开始之前，使用一张幻灯片来概述你的发言内容。

（2）在你开始之前给听众一个写好的大纲，并保证这一文本紧凑且凝练。

（3）在你的汇报开始之前就发放你的论文，这样人们就有机会在汇报开始前阅读论文（在汇报开始时发放论文不是一个好办法。人们会阅读论文而不是听你的演讲，这既会分散他们的注意力，也会分散你的注意力。不幸的是，很多时候会议组织者会要求演讲者当场发放文章）。

保持听众的兴趣

你的听众很警觉地在聆听——他们已经了解了你的发言是关于什么的。现在，你要如何保持住他们的注意力？最主要的是，你要试着保持对听众反应的敏感性，可以考虑以下的策略：

（1）**让你的目光在听众间游走**。和很多人，而不仅仅是一个两个听众，进行眼神交流。

（2）**调整你的声调**。不时调整你的语速并且适当停顿以获得更好的效果。演讲者通常语速过快。对于一个混合了英语为母语和英语为第二语言的听众群体，你需要说得更慢一些，在任何时候这都会是一个好办法。说话语速过快可能是紧张的副产品，这需要你进行自我管理。

（3）**大声说话**。努力放大你的音量，尤其是没有麦克风的时候，听众并不能忍受演讲者的柔声细语。

（4）**改变你声音的音调**。这可以避免语调单一，而语调单一可能会催眠或者引人做白日梦。有时候听众需要一个让他们醒过来的提醒，一个改变的音调可以达到这一效果。

（5）**不时停顿**。给听众一些时间来消化你说的内容，让这些内容被听众吸收。

（6）**总结和重述概要**——回顾并预告要点——帮助听众记住之前的内容并且帮助他们跟上你的进度。冗余和重复在写作中是不可取的，但是在汇报中却有积极的意义。

（7）在介绍图表时，**尽量不要背对着听众**（这是幻灯片放映的一个大问题）。使用红外线指示器可能有帮助，但是如果在你看电脑的时候它经常随意乱点，也可能会分散听众的注意力。

(8) 如果你注意到听众中有人打盹，不要气馁。并不是所有成员都会一直和你在同一步调（尤其是那些已经熬了一晚上夜的人），但是有些听众可以完全进入状态并且认真聆听你的汇报。

在你的文章或速记卡片上给自己做一些笔记作为提醒，特别是当你想要做到上述某一个方面时（比如“大声说话”）。

207 **提前排练的价值**

在演讲之前进行一个完整的排练是怎么强调都不为过的。为了有效管理时间，你需要练习发言，最好是能在观众面前练习。

如果你在大学，最佳的办法是找到你的同学并且在你们院系借一个带有相关设备和工具的教室。询问你的老师/导师这个问题，使用时间不长的话通常是被允许的。同学在正式演讲开始前提供的有益的反馈对你会非常有帮助——如果需要的话，记得告知他们你的听众的特征。排练可以是放松和有趣的，它会提醒你在最后时刻进行调整的必要性，帮助你平息紧张情绪并提升信心。

家人或者朋友可能也愿意成为你的听众，但是，如果家里没有可使用的设备，你可能会在时间管理的有效性上被误导。或者，作为最后的方法，你可以对你发表的演讲进行录音，然后通过回放来进行自我批评。但是这种方法不大可能在发言现场给你安全感，尤其是当你需要在文本和视觉内容之间转换时。

11.8 演讲当天：有关汇报的问题

在这个阶段，你应该已经准备好了也排练好了，而且自信满满。但是，其他与发言相关的问题可能会冒出来。

汇报地点

在任何时候，如果有可能，你最好都提前去看一下汇报的地点。检查一下设备并且考虑以下问题：

（1）房间多大？如果没有麦克风所有的听众都能听到吗？（你是否需要一个麦克风?）投影屏幕的位置是否能够保证后排的听众也能够看到，或者还需要进行一些调整？

（2）设备是否能够完全满足你的要求？你能否很好地运行设备？请提前试用设备。如果在演讲现场你不得不摆弄设备来让它工作，那你的时间会被大大浪费掉，而且这还会引起焦虑，尽管听众通常都比较有同情心。房内的所有设备都可能在一个复杂的操控盘上进行操作，而且这些操控盘之间可能会有所不同。如果不熟悉这个操控盘的话，你可能会非常不安。

处理意外情况 208

汇报时任何事情都可能出现问题，而且确实常常如此，比如设备突然崩溃；你预定的汇报房间在最后关头出现差池而且你发现没有可进行幻灯片放映的设备；你发现没有时间了，但是你还没有完成发言；你小组的其他发言人讲得太久了从而使你的时间被现场压缩；你小组会议的形式发生了变化，而且你突然发现你没有多少时间可以用来发言（似乎本来也不会有更多时间）。

关于最后的一个问题，这里有两个比较有用的策略，如下：

（1）总是提前考虑好如何缩短你的文章，一旦发现你的发言时间突然被压缩时，实际地标记出那些即使被删除也不会打破你发言的连贯性的内容。

（2）熟记你的开场白——不仅仅是客气的或者好笑的部分，而且包括巧妙的导入部分。以同样的方法对待你的结束语。因为时间不够而给出一个漫无目的的结论或者不给结论会增加你的紧张感。如果发现时间不够，你需要直接进入结论部分。

你可能不得不做出快速调整以应对新的情况，但是大多数汇报人都在某些时候遇到过这种情况，因此如果真出现了这种情况，他们很可能会深有同感。将你的听众带入你的困境中，充分利用你的处境，不要因为它让你自己失去了平衡。

详细讨论听众的问题

提问时间通常让学生非常紧张。在结束汇报之后你会很容易感到负担减轻了从而很难集中于问题部分。但是一定要尽可能仔细地倾听提问，因为提问可能会很复杂，下面会列出某些情境。

遇到挑衅或者对抗性的问题

通常攻击性问题都跳脱了文章本身的范围，它可能是一个意识形态、理论或者方法论的倾向性方面的问题，对此你几乎没有什么可以做的，只能尽你所能进行回复并尽快转到下一个问题。避免在提问时间陷入争论。或者，如果兴趣上来了，你可以提议在茶歇或者午饭休息时间继续讨论。

对所问内容不确定

有时候提问者自己也不知道自己实际问的是什么，所以采用了间接的提问方式。你如果认为提问者确实想提出某个问题只是你不太确定问题的内容是什么，可以礼貌性地让提问者重新组织语言，或者一次只提出一个问题。

209 你不知道如何作答

你汇报的可能是正处于进展中的研究内容，它们尚不完整，所以你可能没有所有问题的答案。毕竟，没有一项研究是完美无缺的，有时很容易被发现漏洞。你需要承认你没有想到那一点，并且感谢提问者将你的注意力引向这个问题。但是要确定这个问题并非与你的研究无关的问题。

遇到无关问题

有些问题可能在你文章讨论的范围之外，这时候你只要如实回答即可。或者这个问题预示了进一步研究的需要，超出了你目前研究的范围，你也可以这么回答。或者，如果这个问题更多是评论性的，或者是听众的无关紧要的观察，那么你也可以如实回答，或者微笑、点头然后进入下一个问题。

当不存在实际的“问题”

听众可能有一种分享他们自己的观点而并非询问一个具体的问题的倾向；其他人也可能想要发表自己的意见。这很好，而且可能也非常有趣。但是过长的闲谈式的发言可能是个问题，除非有一个很好的主持人。当这种情况发生时，你可以给没有打断发言的主持人一个眼神，或者可以礼貌地打断发言来结束这种单边“对话”。

管理紧张情绪

很多演讲者（学生和学者都一样）都经历过紧张情绪。有些紧张情绪是有益的，它们可以让你保持警觉和集中注意力。但是过度的紧张是很可怕的，你的所有细心准备都可能在巨大的压力感之下崩溃。

关键点

对你的听众负责——引导他们欣赏你的论文。

实际一点

不要给自己不切实际的期待。如果你的演讲不完美，或者并非所有事情都按计划进行，真的没有关系。汇报很少是完美的，也很少能够按计划进行，经验丰富的演讲者都非常清楚这一点。

积极地思考 210

不要陷入预测困难和失败的自我破坏式的“内心对话”——比如“我并不擅长演讲”，或者“他们会讨厌我的论文”。反之，回忆你过去的成功和成就以及你过去取得的成果——专注于让你感觉良好的特定学术成就。

重视你的工作

请记住，会议组织者是因为发现你的论文非常有意思才会将其纳入会议中。你确实了解你所在的特定领域。他们想要听到你将要汇报的内容，而且能够被你说服。

正确看待你的汇报

这不是你人生的全部，而只是你此刻全部学术工作的一小部分。

随着经验的增加你的紧张情绪会减少，但是你如果认为问题已经严重到需要帮助的程度，可以采取一些措施——比如向咨询中心寻求专业建议——来控制这种情绪。重要的是，不要强加给自己一些不可能实现的完美的要求。好好准备，可能的话和你的同学一起排练一下（互相帮助），积极思考，尽量享受当下的机会，不要太在意那天有些事情不会被完美地完成——完美的情况很少出现。

11.9 进一步的资源

Alley，M.（2003）*The Craft of Scientific Presentations：Critical Steps to Succeed and Critical Errors to Avoid*. New York：Springer-Verlag.

这是一个引人入胜且丰富的资源库，想要掌握幻灯片媒介和技术汇报的人可以在其中找到大量案例。

Shephard，K.（2005）*Presenting at Conferences，Seminars and Meetings*. London：Sage Publications.

这是一本非常实用的汇报指导文献，它能够完善和扩充本章讨论的内容，而且包含了一章内容专门讨论了我们这里没有提及的主题：视频会议的优势和劣势。

Sprague，J.，and Stuart，D.（2008）*The Speaker's Compact Handbook*. 2nd edn. Belmont，CA：Wadsworth.

这本书的内容更多是对关于如何进行有效的公共演讲的介绍，书里提供了一些基本的信息、好的建议、检查清单、学习工具（包括 speechbuilder express 和 infotrac），并且有独立的章节讨论读者感兴趣的特定主题。

第 12 章

发表和完善履历

目标：

通过应用本章的策略、完成本章的练习、遵循本章的程序步骤，你可以有以下收获：

- 领会将自己的工作发布到网上的优势。
- 理解如何通过建立电子档案袋来提升自己的形象。
- 采取建设性的方法和导师一起处理共同作者身份的敏感问题。
- 明确定位合适的杂志和修订一篇论文直至发表的策略。
- 理解同行评审过程和可能的结果，且明确应对被要求进行实质性修改或是投稿被拒绝的策略。
- 明确联系图书出版商和聚焦于图书计划的策略。
- 和你研究小组的同学组成一个互助学习论坛并组成一个发表联合体。

作为一个大学生，发表对你来说可能是一项全新的工作。这一章将初步讨论网络发表以及建立电子档案袋来提升自己形象的相关内容，在这之后你可以转向两个传播自己的研究的主要途径：期刊论文发表和图书出版。

212 12.1 线上预发表或者自行发表

许多学生都通过不同的方式选择了“预发表”或者“自行发表”他们的工作，比如通过博客、维基、播客、幻灯片、视频甚至推特。所有这些都可以看作是线上的自行发表。

网上发布成果的优势

在网上发布成果有很多的优势（也可以参考下一节“提升你的形象：建立一个电子档案袋”以获得更多关于你可能会在自行发表时用到的工具和服务类型的信息）。

关键点

线上自行发表可能是很有价值的传播方式，而且你也可以通过这种方式在正式投稿之前快速得到关于你工作内容的反馈。

验证观点并确定所有权

在正式发表时，同行审阅、编辑和修改的过程意味着正常情况下，在你投递稿件和它最终被“刊出”之间有一个明显的时间差。然而，如果你将文章发表到网上，你可以很快地传播你的材料，并从网络社区，也包括从你的同行和同事那里，得到评价和批评。如果你想要在正式向一份期刊投稿之前验证一个具有争议性的话题，或者检验你观点的连贯性和相关性，这种方法将非常有价值。

由于通过正式渠道发布你的成果需要一定的时间，你可能想要——或者需要——更快而非更慢地声明自己的知识产权。在快速发展的领域，比如计算机科学或者工程学，情况尤其是这样，因为它们的方法、设计、技术都发展得非常快，一两年的延迟发表就可能让你丢掉优势。而线上发表可以帮助你尽早申明你成果的知识产权。

提升你的知名度

和在会议上做汇报相似，线上自行发表也可以提升你在研究共同体中的知名度，是你研究网络的重要组成部分（参见第 1 章的“支持网络”部 213
分）。你在网上传播的材料越多，你就越可能“被搜索到”。

在论文写作期间，经常会有你对自己能否形成好的观点以及能否写好感到不确定的时候。线上自行发表可以提升你的士气，尤其在你发布的内容收到积极反馈的时候。

以你自己的方式写清楚

我们在整本书中都在建议你早点开始写，而且要经常写。你当然可以将文本写在 Word 文档里并保存在你的硬盘里，但是为在线读者（观众或者听众）写作对智力和创造的过程是强有力的刺激。

经常撰写博客文章，或者常常向维基增添内容有助于你养成写作习惯，并且能够帮你克服作者的困境（参见第 2 章的“管理常见写作问题”部分）。当你以此种方式在网络上进行自行发表时，不需要写大量的内容——简单的几百词可能就是你在特定时间内想要增加的所有内容。这能够减轻当你告诉自己为了写出有价值的东西必须扩展你的论证时而产生的某些压力。

扩展可能性

数字时代的发表并不一定被局限于文本或者“纸质”的形式。在线发表提供了多样化的和更加灵活的形式来交流你的成果。你在攻读研究型学位的过程中可能至少会制作一到两个幻灯片，它们可以很容易就被添加到幻灯片托管服务（参见下一节）中去并作为拓展你的在线自行发表的个人资料的一种方式。如果你更具冒险精神，你可能想要发表和你的研究相关的视频或者音频，或者考虑在推特上发表你的观点。

一些需要注意的点

注意选择你放到网上的内容。虽然理论上你可以发表任何你想要发表的东西，但是仔细思考你线上发表的目的，并且在点击“发布”“保存”或者“上传”之前编辑审阅所有的材料，无疑是一个好习惯。

关键点

我们并不建议你在线发表所有的写作成果。

214 在网上发表任何个人研究或者观点之前，你也一定要考虑到自行发表通常并不被学术圈视为“合适的”发表。虽然在网上发表你自己的成果很简单，但是这样做缺少了将你的论文在同行评审期刊中刊出或者在一个知名出版社出版所带来的声望。你应该策略性地决定哪些内容适合自行发表，而哪些内容更适合向期刊投稿。

你可能需要在线上将你的成果“定位”成不同的等级。那些你为期刊或者图书写作的成果通常是有深度的、挖掘深入的而且是复杂的，线上的环境通常并不能够保证这样的交流方式。如果你为了吸引读者而进行在线自行发表并想要获得对你观点的反馈，那么请确保你既准确又简单地表达了自己的观点，这样人们才可以快速抓住你的主旨。此外，如果你在线发表的写作材料是为以后的正式发表服务的，那么你必须调整你的风格和语调来适应学术讨论的习惯要求，因为之后你需要把这篇成果发送给同行进行评审。

你可能会得到一些对你成果的消极反馈或者评论。不管在网络上发表了什么供一般消遣的东西，你总是会收到比预期更多的批评。如果你收到的批评是公正的且有帮助的，那么你应该大方地接受它而且用它来提升自己的思考（这是你决定线上发表的首要原因之一）。如果某些批评非常粗鲁、具有攻击性或者真的令人无法接受，那么你当然有权利忽略它，甚至可以将它从你的网页或者档案中删除。

12.2 提升你的形象：建立一个电子档案袋

作为一个研究型学生，你应该开始思考怎样在你的研究领域中提升自己的形象。一个简单的方法是建立一个网络上的档案库，即电子档案袋（eportfolio），它能够整合所有不同类型的写作、报告和与其他研究相关的资料。建立电子档案袋是为了向学术共同体介绍你自己并且推广你的研究成果。提供自己在线档案的网络链接也能够给潜在的雇主留下深刻的印象，这可能会让你在申请工作的时候在大量竞争者中脱颖而出。

制作一个电子档案袋主要有两种方法：(1) 仅使用你用来建电子档案袋的服务提供的工具来建立基本的电子档案袋；(2) 创建一个扩展型的电子档案袋，将你的电子档案材料放到不同的专家网站上，“引导”他们走进你的在线介绍的主页。

基本的电子档案袋 215

一个基本的电子档案袋是指你使用一个单一的服务来组织你所有的电子档案资料。你可能会选择一个博客服务比如 WordPress. com 或者 Blogger. com（博客通常是很好的电子档案袋），或者你可能更愿意使用一个专门的电子档案服务比如 Mahara. org。这些服务非常强大，而且具备很多功能，但是建立基本的电子档案袋之后，你只会使用到其上传文档、文件和图像的功能，并创建博客帖子。如果你只想呈现最为简单的网络形象，或者你在将不同网站整合到同一个地方这方面缺乏信心，那么你可以选择基本电子档案袋。但是，必须指出的是，由于你对电子档案袋的使用很有限，现在正在讨论的很多有价值的成果推广方式将会被忽视。

扩展型的电子档案袋

创建扩展型的电子档案袋指的是你在网上发布不同的信息，然后将它们整合到一个地方。乍看上去，将你的档案材料分散在不同的网页地址似乎不是一个好的办法。然而，在选择形式的多样性方面，这种方法有很多优势。

这种方法能够使你选择“最好的工作工具”。使用基本的电子档案袋，你只会使用到服务所提供和/或支持的发布资料的功能。但是如果扩展你的方法，将你的成果分配给不同的专业服务（比如，将你的幻灯片放到 Slideshare. net，将你的 Word 文件放到 Scribd. com——这些都在下文中有所描述），这样你可以纳入视觉内容，你核心的电子档案袋就可以以“可滑动的”方式来展示你的工作成果。这将给你的网站访问者带来一种更丰富、更易进入、更印象深刻的体验。

将你的成果分散到不同的网站和服务平台上也将使你更容易“被搜索到”。比如如果你在推特上有账户，还在领英（LinkedIn. com）上有简历，随着你的曝光度的增加，你的专业技能被潜在雇主注意到的可能性也在增加。

而且，你还可以加入更加丰富的内容。比如，你可以通过添加在线书签的链接来分享那些你认为有趣的研究文章或者网站，或者你可能希望加入一个你认为有用的或者有教育性的 YouTube 视频。这将提升你的电子档案袋的动态性和“媒体丰富性”，而且让你的访问者愿意去探索更多内容。

下面我们讨论一些你可能希望纳入你的扩展型电子档案袋中的工具和服务。

216 博客

经营你自己的与研究相关的博客可以是一个推广你自己和成果的很好的方式。撰写短条目（比如说，200～600 字）可能成为你的电子档案袋的重要内容，在这些写作中，你可以和你的访问者交流你是一个“怎样的”思考者和研究者。你发表的博客越多，你在网络上能够被搜索到的可能性就会越大。我们在下文还会讨论使用博客作为你的主要电子档案网站的相关内容。

领英

领英是一个类似于脸书的针对专业人士的网站，而且是一种在线有效管理你专业身份的方法。如果你希望将私人生活和职业生活分开，那么你可以与朋友家人使用脸书，然后和同事之间使用领英。领英允许你建立自己的简历，更新内容，联系并且寻找你所在领域的其他人，而且通常可以扩展你的人际网络。和管理其他所有的扩展型电子档案袋中的材料一样，你仍然需要持续更新你的个人简历。

脸书

许多学生都已经有了脸书的账户，所以你可以考虑将你的脸书链接到你的电子档案袋上。如果你对自己的脸书账户对你专业性（与个人性和私人性对立）的展示很有信心的话，或者你认为你能够很好地处理脸书的隐私设置从而管理你的公众形象的话，这么做会非常有效。但是一定要小心，脸书的隐私设置是非常复杂的，而且经常变化，所以它并不能保证你将一直能够控制别人能看到和不能看到哪些内容。如果你对这些问题存疑的话，那你最好还是为你的职业生活选择领英之类的服务。

推特

对于本书描述的所有社交媒体来说，怎样以及如何更好地使用它们才是影响你的研究和写作的问题。推特把你可能最无意义的日常生活和世界联系在一起，或者它也可能是一种传播研究相关发现的方法，它会向你展示你研究领域中最新的报告，也会让有相似想法的研究者建立联系。

幻灯片

作为一个研究型学生，在求学期间你可能会被要求做几次口头汇报，而这些汇报可能会以 PowerPoint 或者幻灯片放映展示的形式做补充（参见第 11 章的“幻灯片汇报”部分）。不要让这些精彩的汇报内容局限在你真实汇报的那个时空：为了扩大你的听众范围，你可以将报告上传到一个类似 Slideshare. net 的幻灯片和文件处理服务上。Slideshare 上的幻灯片 217
和文件可以被嵌入并显示在你的电子档案袋中。这将允许你的访客随时随地观看并且点击你的汇报而无须下载，除非他们希望如此，而且你也提供了相应的选项。

文件

在你的电子档案袋中上传 Word 或者 PDF 文件可能就足够了，但如果访问者想要看材料的话，他们必须先下载保存，这有时候可能就不太方便。更好的解决之道是将你的文件放到一个文件处理服务器上，比如Scribd.com，然后在你的电子档案袋中纳入一个可视化的版本——与上文所描述的处理你幻灯片的方法一样。所有这些都将增加你在网上的曝光度，而且能够提升你的可搜索性。

视频和音频

如果你是一个较为资深的网站使用者，你甚至可以考虑制作一些音频或者视频并将它们纳入你的电子档案袋。根据你的研究领域，或者根据你是否具有这方面技能、方法和时间，你可以制作一些有关你正在开发的实验技术、你建立的实验场地或者你和受访者完成的访谈（当然要得到伦理允许和他们的许可）的视频。音频格式在电子档案袋中也非常有效，而且是讨论理论相关话题或中期研究成果的极佳工具。在你的电子档案袋中添加视频或者音频不仅能够证明你在研究领域上的思考，而且展示了你能够制作这方面媒体材料的技能。

选择一个服务建立你的电子档案袋

在选择建立你的电子档案袋的服务时，你可以选一个稳固、可靠的，并能允许你导出或备份你所有内容的平台。博客服务提供了创建（无论是基本的还是扩展型的）电子档案袋几近完美的方法。但是，你并不一定要做一个成熟的博主，你只是使用这个平台来整合你的电子档案袋。不过需要提醒的是，博客是以时间先近后远的顺序以博客条目和帖子的形式来呈现动态内容的。

WordPress.com 和 Blogger.com（Blogger 的所有者是谷歌）可能是两个最大的博客服务平台。他们都已经运营了很多年，独立且享有盛誉，免费提供很多的服务。

218 在特点方面，WordPress 几乎拥有你能想到的所有内容，所以如果你在寻找一个强大而且灵活的平台来制作电子档案袋，那么你可能会选择WordPress。此外，Blogger 并不提供同样水平的功能，但是它更容易使用。每一种服务都允许你个性化自己的电子档案袋界面，提供很多可以选择的“主题”。

电子档案袋中应该包括什么

将哪些内容加入你的电子档案袋取决于你自己，但是至少要有一个简历（CV），一些成果示例（它们或者是文章，或者是汇报，或者都有）以及你的详细联系方式。如果这些内容都没有，那么你的网站几乎不值得访问。

你的简历

简历内容应该包括你的工作经历（过去十年的经历通常就足够了），你的高等教育经历，你发表过的论文或者会议论文的清单，专业职务、曾获得的奖项或者其他相关的信息。不要把你推荐人的信息也放到你网站的简历里，因为你的推荐人可能不希望你暴露他们的详细信息。你最好能够提供你简历的网页版本和 PDF 版本。不要上传 Word 文件，因为它们通常不能被很好地打印。

详细联系方式

考虑一下你希望人们以什么样的方式联系你。如果你倾向于使用电子邮箱，那就放上一个你经常查看的电子邮箱地址。请记得时刻更新你的联系方式。

汇报、主旨发言和会议文章

在你的电子简历中添加一个部分，提供你在过去做过的汇报的副本。给每一个汇报都附上简短的摘要以及你做汇报的时间和地点。任何幻灯片都应该以“讲义”的形式被存成 PDF 格式的文件。你的访问者可不想打印 60 页每页只有一张幻灯片的文档。

学术论文

提供你已发表的和未发表的论文的副本或者链接。但是记住，如果你的论文被发表在哪一份期刊上，那么这份期刊很可能拥有你论文的版权，这意味着你只能提供论文的链接，而不应该提供论文的全文副本。

奖项 219

让访问你电子档案袋的人知道你得到的所有奖项或提名，你获得的博士或者研究奖学金也可以列在这里。

博客

正如前文所述，时不时地撰写博客帖子是很好的策略——即便你并不认为自己是专业博主。博客在提升你形象的同时还会让人们知道你正在思考哪些重要的想法。

当然，你选择哪些材料以及哪些不同的工具和服务进入你的核心电子档案袋，这取决于你自己，但是你必须保持你的站点的更新。即使你用所有的技能和手段建立了一个最为全面的扩展型电子档案袋，档案袋里却只有“陈年老物”的话，访问者也不会再来了。

12.3 期刊发表

在同行评审的学术期刊上发表论文仍然是传播你的研究的主要方式。你可能是从零开始写论文，也许你正在按照发表的要求撰写学位论文，或者你希望拿出已经完成的学位论文章节来进行发表。如果一个章节的研究结果聚焦于某个单一的实验或者测试——如在某些自然科学领域——那么章节和投稿稿件有着很高的兼容性。但是，在艺术和自然科学与社会科学的某些领域中，学位论文的章节更为复杂，很难被转换成可以发表的论文，正如萨德勒（Sadler，2006：8）指出的：

> 一篇文章需要有一个**清晰的、统一的关注点**。作者通常很难从学位论文内部提取出一个完整的部分（更别说一个完整的章节），再从参考文献中提取出相关的条目，然后作为一篇文章发表。一篇文章是否能够从学位论文发展而来，取决于学位论文的主题以及论文本身的结构。（强调由本书所加）

在这种情况下，一个章节可能包含两篇或者更多的可能文章，而且需要进行大量的修改编辑工作来重新整理资料。在接下来的章节中所展示的策略可能会帮到你。

网络期刊

成熟的、一流的网络期刊有很多。但是，如果你想在网络期刊发表文章，请稍微关注一下这份期刊建立的时间以及它的学术地位——无论它是 220
否是同行评审的——因为这种渠道的发表存在一种不稳定性。有个学生提到有一份新的电子期刊在她所在的社会科学学科领域很有前景，但是才出了两期就消失了，连带着发表在期刊上的论文（包括她的论文）也一起消失了。

开放使用权的期刊

开放使用权的期刊的优势是所有人都可以免费获得这些文章，这将扩大你的读者群以及提升之后你被其他人引用的可能性，只是，你要确认你是否要付费才能在这类期刊上发表文章。

将导师作为共同作者

将导师作为共同作者是非常棒的学习体验，它可以使你获得在你的研究领域与知名的、受人尊敬的学者一起发表论文的声望。但是，共同作者身份对某些学生是一个问题。下面的讨论选自一个学生的论文，他对某个自然科学学科的学生和导师进行了调查研究，其观察结果也更具普遍适用性。

作者看到：

> ……（在调查当中）学生和导师都同意共同写作进行发表的基础。大部分学生和导师都认为，共同写作只有在导师既对智力投入有所贡献又进行了实际的文稿写作时才是合适的。（Christian et al.，1997：30）

关键点

如果共同作者身份的事让你和你们研究组的其他人都很纠结和担忧，

你们需要开会并决定怎样解决这一状况。

克里斯蒂安等建议在研究早期就和导师讨论这个问题以避免冲突。作为确定导师贡献的指导，他们还建议使用加林多-利尔表（Galindo-Leal's
221 table）从五个方面衡量一个导师的贡献比例，即计划、执行（比如说，一个测验或者实验）、阐释、分析和写作（Christian et al.，1997：30），如果你愿意的话可以试试这个表格。

另一个问题便是发表时谁是第一作者——如果你做了大部分工作，第一作者可能是你，但是实际情况可能有所不同。尽管以共同作者的形式发表学位论文的成果不大可能对论文的原创性要求形成负面影响，但是你也可以和你的导师讨论这个问题。

12.4 在合适的期刊上发表

虽然被拒稿是发表过程的一部分，但是你仍然可以通过避免向不合适的期刊投稿来降低拒稿率。如果你的研究非常专业，那可能只有一两份期刊可供你选择。另外，在你投稿之前可以咨询一下你的导师，让他为你推荐合适的期刊。杂志的影响因子可能可以被作为考虑因素，但是对此存在一些争议［参见如范·阿尔斯特（Van Aalst，2010）对影响因子的讨论，尤其是其与 Google 学术的关系］。而且，你可以在读文献的过程中记笔记，这样你就可以知道你所在领域的重要学者都在何处发表。

了解你的目标期刊

要知道你的论文和目标期刊之间的匹配度，你需要了解你的目标期刊。如果你是独立作者或者共同作者中的第一作者的话，这么做对写作过程也很有帮助。

练习：了解一份期刊

仔细思考以下问题（加上你想问的问题），然后记下你的发现：

(1) 期刊发表的频率是怎样的？期刊发表的时间周期，比如说它是一本年刊，会影响到你论文的意义吗（在快速发展的研究领域，研究材料很快就会过时）？

(2) 这份期刊的范围和目标是什么？（在线的和纸质的）期刊一般会在前端提供这个信息；如果没有，你可以快速回顾摘要和/或引言来发现他们喜欢哪些内容。你的内容是否与期刊的介绍相契合（比如，期刊关注理论还是实践，它倾向于多学科论文，专业的论文还是学术的论文）？ 222

(3) 这份期刊的目标读者是些什么人——具有广泛的一般兴趣的读者？学科内部或者有跨学科的兴趣的读者？对这个学科感兴趣或者你学科内的专业读者？你的文章对他们有吸引力吗？

(4) 你可以分析出哪些质量指标或是学术贡献来帮助你确定该期刊的地位——它在你的研究领域是否广为人知？

12.5 准备发表的论文

确定了合适的期刊之后，你就可以获取该期刊给作者的发表指南。这些内容有时候被印在期刊的背面，或者你可能需要写信给他们索取指南，如果期刊是在线的，你也可以从网上下载这些内容。这些期刊的指南是非常规范化的，它们不能被忽视。你要细致地按照指南修订文章，而且要确保你的论文在被提交给期刊时符合所有方面的要求。指南里可能有好几页内容详细介绍了期刊社偏好的风格和格式，所有这些都需要被纳入你的论文当中。

专业

一定要采用专业的方法来准备你的投稿。有学者提出："成功的研究和职业的作者的特质之一就是系统、持续和顺从地编辑和修订他们的论文，最终使其可以发表。"（Chisholm，2007：139）

聚焦摘要

在写摘要的时候要仔细考虑它的说服力（或者如果不需要写摘要的话，则在写引言时考虑）。

关键点

向期刊读者传递你研究的价值和意义。

223 询问你自己下列问题：

（1）这份期刊的哪部分读者可能会对我的论文感兴趣，或者对论文的哪些方面感兴趣，为什么？

（2）我怎样才能向这些读者传播我论文中呈现的研究创新、差异点、重要性或是让人兴奋的点？

仔细思考这些问题。我们的建议是你要尽可能吸引更多的可能读者。你可以回顾和比较那些在你感兴趣的期刊上已经发表了的论文的摘要，应用第 2 章的练习"掌握学科写作实践"，它会将你的注意力从内容转向组织文章内容的实践和过程——选择那些看起来合适的内容。

回顾学术实践

一个与语境相关的重要语言学研究加强了上述练习的价值。约翰·斯韦尔斯（John Swales）实质性地调查了主要是在自然科学领域（也有一些在社会科学领域）发表的论文的引言，并提出了期刊论文引言写作的 CARS（Creating a Research Space）模型（见图 12－1）（Swales，1990：14）。图右侧的箭头表示，从向读者证明论文中研究的关键地位、价值和重要性，到详细陈述论文所展示的研究的性质，作者所需要的说服力在降低。

224

第一步	**确立领域**	
步骤 1	澄清（所介绍的研究的）中心地位	
	和/或	
步骤 2	将话题普遍化	减少修辞上的努力
	和/或	
步骤 3	回溯相关问题的过往研究	
第二步	**建立一个合适的研究定位**	
步骤 1A	反驳已有观点	
	或	
步骤 1B	标识出分歧	
	或	
步骤 1C	提出问题	
	或	
步骤 1D	继承一个传统	弱化知识的陈述
第三步	**占领这个定位**	
步骤 1A	描述目的	
	或	
步骤 1B	发布当前的研究	
步骤 2	说明主要的发现	
步骤 3	标识出研究文章的结构	提升精确性

图 12-1　构建一个研究空间——期刊论文引言写作的 CARS 模型

比较 CARS 模型和你选择的文章的引言。并不是所有自然科学领域内的论文都会在引言中呈现出这种流程，有些甚至采用了完全不同的顺序，但是确实有很多引言是这样写的。很多这里所标识的引言中的做法不仅仅局限于自然科学领域，也会出现在很多其他领域的论文中。CARS 模型至少很好地示范了作者在写作期刊论文时（不仅仅是引言）——或者在进行其他类型的写作时——可以怎样应用结构策略或者组织策略。

吸引读者

对学术写作进行的超过 15 年的语言学研究表明，学术成果很难吸引读者并将他们拉入你的阵营，而学术写作也并不像我们想象的那样非个人化：

> 虽然非个人化经常在制度上被神圣化，但是它经常被违背。这通常是因为为实现客观的写作呈现而做出的选择……是和作者本身的身份和权威紧密联系在一起的。（Hyland，2001b：209）

肯·海兰是一位知名的语言学家，他研究了可以被称为论文的“内部气质”的不同方面。和我们当前的讨论相关的是他对读者参与度的研究（Hyland，2001a）。海兰指出，“作者利用早期文本的知识，并且依靠读者对文本间互文性（intertextuality）的认识能力，来建构读者”（Hyland，2001a：551）。（他所说的互文性，指的是同一实践在不同的学科文本中重现的方式，有时候这在学术文本中更为常见。）

建构读者涉及不同的目标，可以用海兰的解释概括如下：

> 将读者的团结性挖掘出来，尝试鼓励特定的反应，确保读者的赞
> 225 同，邀请读者与你“共谋”，调动读者以和你相同的方式去观察，将读者定位为同行者，号召共同的理解，预测并且回应可能的反对和其他解释，等等。（Hyland，2001a）

通过总结 240 篇研究论文中的语料，访谈相同学科的学者，海兰找到了学术作者可以使用哪些策略来调动他们的读者以实现这些目标。
226 表 12-1 是他对这些策略的描述，它们有助于你发出强有力的权威之声（参见第 10 章的“代入审阅人的视角”部分）。还有其他的策略，比如说“推动剂”（比如，“实际上”，“很明显”，“毋庸置疑的是”，“事实上”），海兰和特斯之后重新评价了这些策略并对之进行了讨论（Hyland and Tse，2004：168）。海兰的研究对那些勤奋的、有兴趣的学生多有帮助［比如，海兰介绍了在科学论文中“不做正面答复”的重要性（Hyland，1996），他也对学术写作中的论证与投入问题做了讨论（Hyland，2002b）］。

表 12-1　调动读者的策略

策略	例子
兼用第一人称、不定人称和第二人称代词	“**有人可能认为**，要理解这些密码，学习者需要成为……” “然而，**我们知道**，是在最近几年才……” “**我们已经可以看到**有两类……” “如果你承认精神属性有因果权力……那么你**必须考虑**精神属性的因果作用在某种程度上取决于身体属性的因果作用。”
引用共享知识——也许承认某一点只是为了将读者引向你自己的论证	（副词短语“当然”似乎在这里非常重要） “**当然**，我们知道今天的原住民社区从殖民时期及以后已得到天主教会的承认。” “这两个长度之间的**明显**的正确关系是……” “切斯特顿（Chesterton）认为……这**无疑是错误的**”
使用命令	（包括以命令和义务模式要求读者的行动，例如“必须”“应该”“应当”“不得不”“需要”等等） “**必须在……之间做出区分**” “**我们现在需要检视的是**，是否存在更为稳定之物。” “**因此，有必要……去理解**……”
使用真实的和修辞化的提问	（“真实的”提问并不是很常见，但是为了引起读者的兴趣并且在结论评论部分刺激读者思考，它有时会出现） “这些研究是否意味着当前的方法需要被调整或者我们需要开发一种新的方法?” （“修辞化”的问题更为常见。它可以在引言中“提供一个研究定位”。） “这些研究发现之间是如何调和的？本文的目标是对此提供一个解释……” （或者作为一个转折工具，比如说在段落之间出现） “那么萨帕塔主义者想要什么?” （注意第四章“连接段落的策略”中的评论，可以使用修辞性问题来充当转折工具）
使用旁白告知读者内容（有时候和行文划分出界限）	“而且——**我相信很多 TESOL（Teaching English as a Second Language，第二语言为英语的教学认证考试）专家会欣然承认**——批判性思维现在已经开始崭露头角……” “**值得一提的是**，伴随着这种报道而进行道德谴责的人，他们的良心似乎没有受到大的影响……”

资料来源：整理自 Hyland（2001a）的作品。

正是这类策略的使用表明了所有交流，包括学术写作，实际上是一个“社会过程”（Bazerman，1988：251），或者，更好的表达方式是，一个学术的社会实践。

练习：识别那些调动读者的学科实践

第一步

在你的学科里选择两到三篇你需要在研究中阅读的期刊论文。

第二步

浏览这些论文并且识别和标记出表 12－1 中提及的步骤和实践。考虑这些实践会给你的读者带来的影响。

12.6 接触图书出版商

寻找一个感兴趣的出版商当然并非易事，这个问题的难度取决于你想出版的图书的市场性。有时候，学生在完成学位论文之前就已经有出版商对这一论文感兴趣了，因为他们的研究是热门话题，而且有着对此高度感兴趣的大范围的读者。但是这种情况并不常见。如果你正在写作一篇论文并且希望将它变成一本书的话，你应该尽早与你的导师和其他同事讨论你应该如何调整你的论文写作从而降低你后期为了出版而进行重复写作的工作量。

战略性的考虑

如果你希望接触一个出版社，有一些问题你需要提前考虑。

227 出版社常常有不同的要求。它们不可能欢迎所有被提交的论文，虽然有些出版社可能在你投递一篇完整的修改过的论文之后就将其自动接收了——你仍然需要检查具体的情况。知名的出版商有自己的网站，所以你要明确了解接触一个出版商所需要做的特定步骤到底是什么。

提案

你将需要写一份“提案”，而且提案的格式在不同出版社有不同的要求，你需要从相关的网站下载一系列的指导文件。你要确保在特定的子标题下面写着符合相应要求的内容。你还需要明确你的提案适合被投递给哪个编辑，以及通过邮件投递是否是可接受的。提案通常包括以下类型的信息：

（1）你想要出版的图书的概要——应出版这本书的理由、它的重要性或者话题性。

（2）你的书在你所在领域的比较优势：你的书稿如何不同，它提供了哪些其他研究没有的内容，它有什么独特的品质。

（3）目录大纲，也可附上引言和/或一个样章。

关键点

你的提案对于激起编辑最初的兴趣非常重要，所以请仔细考虑这个问题。

你当然需要分析目标市场（出版社非常关心销售量）的问题——你可能需要处理的问题主要包括以下几个：

（1）哪些人是我的潜在读者？

（2）这个受众的基础可能有多大？读者是否有可能从我的学科专业中衍生出其他兴趣（在当前的市场环境下是一个好点子）？如果是这样，这种情况会出现在哪种读者当中？为什么？

（3）为什么人们希望阅读我的书而不是其他同样主题的书？

（4）为什么他们更希望与已经出版的相关主题的书一同阅读我的书？我在这个问题上贡献了什么？

（5）我的书是否可能被纳入某些课程的必读书目或是推荐书目？

在你写提案之前和你的同事讨论这些问题。如果你的提案被接受了 228
（也许在被发送给同行评审之后——参见下一节），你将面对将你的学位论文转变成一本书的挑战。

这时，你要停止在论文层面思考，而要开始在你希望出版的书稿的层面上思考。你可以向尽量多的学术方面的同事征求你为了出版而对论文进行重新编辑时需要考虑的意见。

因为你会有全新的读者（不再是你的论文审阅人），你将需要调整引言来满足他们的兴趣。同样，相较于论文，一本书通常有较少的细节和不太严格的格式要求。然而，你的读者的性质将影响到你的论文需要被重新编辑的程度。专业化的学术读者需要你修改的内容会比更广泛的普通读者更少一些。

12.7 同行评审过程

如果你接触的是学术期刊，那很可能你的文章将会被发送给评审（审阅人），几乎可以肯定的是，你的图书出版提案也会被送出去评审。

期刊编辑选择文章最关心的问题是他们选择的文章是否能够代表期刊的兴趣（范围和目标），而且能够最好地保持他们的声誉。出版社也需要保持自己的声望，而且它们非常看重市场，所以你的目标市场将很重要。期刊的地位越高或者出版社的名声越好，编辑选择的优势越大，同时他们也会更认真地履行工作职责以确保他们做出最佳选择。这时就需要评审。

很多质量好的期刊都实行同行评议制度，这意味着在这份期刊上发表的论文在被接受和发表之前都被外部的评审者或者读者评论过。这些期刊的编辑从他们收到的论文中选择文章，然后将它们发送给你的论文所在领域的专家进行评阅。出版社对图书出版提案也有着类似的程序。

评审处理的问题

你投稿的期刊或者图书出版计划的审阅人将会被要求处理以下问题（这里没有将文章和图书区分开来，因为针对大多数学术发表提出的问题类型都很相似，针对特定图书出版提案或者论文的问题也被包括其中）：

229 （1）这篇文章（或这本书）有没有一个与主题相关的且信息丰富的题目——在某些情况下，用“吸睛”来形容可能更合适？

（2）这篇文章（或这本书）有没有一个清楚且紧凑的摘要（正如有些人文领域和自然科学领域的学生指出的，即使是在一些特定的同行评议期刊摘要并不总是必需的)?

(3) 这篇文章是否能够很好地吸引期刊读者？或者这本书是否有可能像出版提案中说的那样吸引目标市场中的群体？你认为人们真的会买吗？为什么？

(4) 文章（或书中）所报告的研究是否提供了新的、创新的和/或重要的发现？正如上文建议的，这需要在你的摘要和/或引言中被突出出来。

(5) 在广度和深度方面，引言是否提供了合适和足够的背景资料以将读者置于语境之中？

(6) 研究的核心、目标和（可能还有）方法论或者过程是否都被清楚地说明了？

(7) 研究的方法论是否科学，或者理论的合理程度如何（如果需要理论的话)?

(8) 论文/图书是否显示出了逻辑的活力（比如说，在论证的有效性方面，或者阐释结果、数据方面，包括从这些问题衍生出来的推测)?

(9) 论文/图书所使用的参考文献及其范围是否足够，参考的细节准确吗？

(10) 这篇论文/这本书写得好吗（比如说，是否关注点清晰，是否组织完好而且具有连贯性，文字是否简洁，语法/拼写是否正确)?

(11) 图书本身的风格对目标群体是否有吸引力（比如说，如果书中使用了复杂的学科专业术语，那么它将不适合更广泛、更普遍的读者群体)?

(12) 你认为这篇论文/这本书的优势/劣势是什么？

(13) 这篇论文/这本书的哪些方面仍然有待提升？

(14) 这篇论文/这本书是否应该被发表/出版？它应该被修订吗？还是它不应被发表/出版？为什么？

处理同行评审的结果

接受

可能的情况是：你的文章在评审之后被原样接受，或者仅需要做少量的修改。或者基于对你的图书出版提案进行的同行评审，他们给了你一份合同。恭喜你！

修改与再次提交

他们对你的作品很感兴趣——非常好——但是你被要求做一些基本的修改。你在阅读审阅人的报告时，会有一种困惑的感觉（愤怒、尴尬、气愤或者失望），这种情况肯定会出现。如果针对内容和格式的批评非常多，不要惊讶，这并不罕见。先把这些审阅人的意见放在一边，直到你平静下来，直到你从你的成果以如此令人羞辱的方式被挑剔的感受中走出来，直到你重新找到平衡并恢复客观，你再来处理这些意见。

230 当你回来处理你的稿子时，考虑以下几个问题：

（1）先处理小的批评。

（2）仔细考虑所有重大的批评。然后，补充有价值的建议，尤其注意标示清楚你在处理批评方面做了哪些具体的调整以及具体的位置（给出页码）。关于那些你不大愿意修改的建议，准备好（可能是向编辑）论证你的观点。一些建议可能在你看来并不准确，它们可能没有正中要害，也可能是有失偏颇的、有偏见的。

（3）如果你是要出版一本书的话，他们可能会要求你针对审阅报告提出的批评和建议给出有关如何进行修改和完善的回复。可能的情况是直到你完成了这个工作，你的图书出版提案才能被放到“提案会议”上讨论他们是否能够给你一份合同。

（4）做好你的稿件还会再来回于你与编辑之间并不断地进行多次修改的准备，你也希望能和他们协商并且根据他们的建议完善书稿。

同行评审有时候非常痛苦，但是它也是一个很好的学习过程——如果你愿意这样看待它的话。当然，如果你的学位论文已经是一系列发表了的论文，那么出版前的同行评审意见基本就倾向于积极的方面了。

拒绝

你的论文/图书出版提案被审阅了而且被拒绝了，你感到非常沮丧。这是可以理解的，但是不要让被拒绝的结果挫伤了你的信心，即使那些有经验的作者也经常会面临稿件被拒的情况。这并不是你故事的结局，而且如果你将这个发表的过程视为一个训练过程的话，它更不会是结束，而只是一个开始。

你从编辑和/或审阅人那里得来了意见，现在你可以考虑重新修改你的文稿并且将它发送到其他期刊了，或者编辑可能已经提供了关于更合适的期刊或者出版社的建议，如果是这样，我们非常支持你接受这些建议。现在，在你的第二次发表尝试中，你有了学术投入的优势。请不断尝试，不要太轻易放弃。

12.8 创建一个发表小组

对写作小组——如第 10 章所讨论的——进行组织形式变化，就形成了萨德勒（Sadler，1999）所说的“发表小组”。如果你和你研究组的其他同学正在写作一系列的待发表论文作为学位论文的话，创建这个小组将非常有用。

发表小组的总体想法是在小组召集人组织的结构化会议上讨论每个成员的草稿。正如萨德勒提出的：

> 小组本身就包括了很多想法相近的人（学生/学者），他们同意合作行动来推动他们共同的学术和发表工作。成员应该致力于促进发表任务——不论是在学术期刊上发表论文，还是编辑图书的章节以便发表。（Sadler，1999：144） 231

在这样的小组中，在本章讨论的发表过程中的相关方面就可能付诸实施，而且可以给每个人反馈，鼓励每个成员，并在此过程中分享每个人的困难和成就。

12.9 进一步的资源

Belcher，W. L.（2009）*Writing your Journal Article in Twelve Weeks*：*A*

Guide to Academic Publishing. Thousand Oaks, CA: Sage Publications.

这本书对开始尝试发表或者在发表过程中挣扎的你是一个极好的资源，它能够将你纳入发表的过程，还能够使你的日常写作围绕所有你需要完成的其他工作进行。

Caro, S.（2009）*How to Publish your PhD*. London: Sage Publications.

从局内人的视角对学术出版的流动世界提供了有价值的洞见，并为相关的过程提供了实际的指导——如果你想最大化你的图书出版机会，那这本是必读书。

Cohn, E. R.（2004）'Beyond the electronic portfolio: a lifetime personal web space', *Educause Quarterly*, 27（4）: 7–10.

这是一篇简短的文章，可能有一点过时，但是它仍然指出了建立不断更新的网络呈现的某些基本原则。

附录：开展讨论时可用的词和短语 232

为了列举，或者显示“时间”关系

第一/第二/第三，等	之前	现在
此后	最后/最终	后来
当	下一个/我的下一个观点	同时
在……之前	早些时候	现在/当前
与此同时	同时地	同时发生地
最初	已经	随后
之后	紧接着	紧随着的
从……出发		

增加信息

而且/此外	也	除此以外
再者	同样	另一个原因
以及/额外地	同样地	原因/意义是
相似地	作为补充	

认可他人的工作 （或者使用他人的工作来支持你的观点）*

肯定	同意	认可
达成一致	确认	解释清楚
证实	支持	证明
为……提供证据	符合	X 持同样的观点
验证	证实	重复
核准	证明……正确	

233 质疑其他人的工作或提出异议*

同意	认为	声称
承认	确认	明确了
推测	争论	对比了
忽视了	推广	假定

推断　X这样建议有些离谱　否认
对立　猜度　自称
宣布

展示一种对他人工作的中立立场*

根据X……　分析了　引用了
评论了　对比了　考虑了
定义了　证明了　确信
详细描述了　详尽阐述　阐释
暗示了　在X看来　证明
X提出了这个观点……　注意到　观察
指出　假定　假设
预测　提出　推出
报告　断言　理论化
X的方法说明了……

展示一种因果（原因和结果）关系

所以　正因如此，所以　因此
随之　此后　由于
从而　因为这样　随之而来
因　结果　“如果/就”的结构
相应地　相应　既然如此

得出“结论”

这预示了/显示了/暗示了/说明/提供了基础/证明了/确认了，等等

据此可以推断	总而言之	总之
最后	可以总结为	总结来说
最终	作为结尾	终于
在结束时		

234 阐明一个之前说过的观点

换言之	简洁地说	实际上
换种说法	那就是	借此我想表达的是

（或者简单地使用另一种方法复述一个观点）

引出一个“对比性的”观点

与此相反	反之	但是
然而	不过	虽然
即使如此	另一方面	或者
不同于此	但	却（引出对比）
尽管如此	不管	仍然

无论如何	即使

提供一个 "例子"

比如说	比如	为了验证这点
……，包括……	例如	正如……

* 根据科芬（Coffin，et al.，2003）的著作整理而来。

参考文献

Alley, M. (2000) *The Craft of Editing: A Guide for Managers, Scientists, and Engineers.* New York: Springer.

Alley, M. (2003) *The Craft of Scientific Presentations: Critical Steps to Succeed and Critical Errors to Avoid.* New York: Springer-Verlag.

Bakhtin, M. (1986) *Speech Genres and Other Late Essays.* Eds C. Emerson and M. Holquist. Trans. V.W. McGee. Austin, TX: University of Texas Press.

Ballard, B.A. (1995) 'The quality of the ANU PhD thesis: an analysis of a sample of examiners' reports', occasional paper, The Graduate School, The Australian National University.

Bazerman, C. (1988) *Shaping Written Knowledge: The Genre and Activity of the Experimental Article in Science.* London: University of Wisconsin Press.

Belcher, W.L. (2009) *Writing your Journal Article in Twelve Weeks: A Guide to Academic Publishing.* Thousand Oaks, CA: Sage Publications.

Berkenkotter, C. and Huckin, T. (1995) *Genre Knowledge in Disciplinary Communication: Cognition/Culture/Power.* Hillsdale, NJ: Lawrence Erlbaum.

Biggam, J. (2008) *Succeeding with your Master's Dissertation: A Step-by-step Handbook.* Maidenhead: Open University Press.

Bolker, J. (1998) *Writing Your Dissertation in Fifteen Minutes a Day: A Guide to Starting, Revising, and Finishing Your Doctoral Thesis.* New York: Henry Holt.

boyd, d. (2011) 'Social network sites as networked publics: affordances, dynamics, and implications', in Z. Papacharissi (ed.), *Networked Self: Identity, Community, and Culture on Social Network Sites.* New York: Routledge. pp. 39–58.

Bunton, D. (2005) 'The structure of PhD conclusion chapters', *Journal of English for Academic Purposes,* 4(3): 207–24.

Burton, R., Barlow, N. and Barker, C. (2010) 'Using visual tools for analysis and learning', University of Huddersfield. http://eprints.hud.ac.uk/7843/ (accessed 20 October 2010).

Caro, S. (2009) *How to Publish your PhD.* London: Sage Publications.

Cham, J. 'Piled higher and deeper: a graduate student comic strip collection'. http://www.phdcomics.com/ (accessed 20 December 2010).

Chisholm, K. (2007) 'Strategies for publishing in scholarly HRD journals', *Human Resource Development Quarterly,* 18(1): 139–47.

Christian, R., Davies, K., de Chazal, J., Krebs, E. and Melbourne, B. (1997) *PhD Supervision: A Guide for Students and Supervisors.* Canberra: The Australian National University.

Clanchy, J. and Ballard, B. (1997) *Essay Writing for Students: A Practical Guide.* 3rd edn. Melbourne: Longman.

Coffin, C., Curry, M.J., Goodman, S., Hewings, A., Lillis, T.M. and Swann, J. (2003) *Teaching Academic Writing. A Toolkit for Higher Education.* London: Routledge.

Cohn, E.R. (2004) 'Beyond the electronic portfolio: a lifetime personal web space', *Educause Quarterly,* 27(4): 7–10 .

Covey, S. (2004) *The 7 Habits of Highly Effective People: Powerful Lessons in Personal Change.* New York: Free Press. 236

Cryer, P. (1996) *The Research Student's Guide to Success.* Buckingham: Open University Press.

Davis, L. and McKay, S. (1996) *Structures and Strategies: An Introduction to Academic Writing.* Melbourne: Macmillan Education Australia.

Denscombe, M. (1998) *The Good Research Guide: For Small-scale Social Research Projects.* Buckingham: Open University Press.

Di Gregorio, S. (2000) 'Using NVIVO for your literature review', paper presented at 'Strategies in qualitative research: issues and results from analysis using QSR NVIVO and NUD*IST' conference, Institute of Education, London, 29–30 September. http://www.sdgassociates.com/downloads/literature_review.pdf (accessed 25 October 2010).

Downes, S. (1995–2000) 'Stephen Downes guide to the logical fallacies'. http://web.uvic.ca/psyc/skelton/Teaching/General%20Readings/Logical%20Falllacies.htm (accessed 25 November 2010).

Dunleavy, P. (2003) *Authoring a PhD: How to Plan, Draft, Write and Finish a Doctoral Thesis or Dissertation.* Basingstate: Palgrave Macmillan.

Fairclough, N. (1992) 'The appropriacy of "appropriateness"', in N. Fairclough (ed.), *Critical Language Awareness.* London: Longman.

Fink, A. (2009) *Conducting Research Literature Reviews: From the Internet to Paper.* 3rd edn. London: Sage Publications.

Fowler, H.R. and Aaron, J.E. (2001) *The Little, Brown Handbook.* 9th edn. New York: Longman.

Garrard, J. (2007) *Health Sciences Literature Made Easy: The Matrix Method.* 2nd edn. Boston: Jones and Bartlett.

Gillett, A. (2011) 'Using English for academic purposes: a guide for students in higher education. http://www.uefap.com/ (accessed 8 November 2010).

Gilmore, J., Strickland, D., Timmerman, B., Maher, M. and Feldon, D. (2010) 'Weeds in the flower garden: an exploration of plagiarism in graduate students' research proposals and its connection to enculturation, ESL, and contextual factors', *International Journal for Educational Integrity*, 6(1): 13–28.

Holbrook, A., Bourke, S., Lovat, T. and Dally, K. (2004) 'Qualities and characteristics in the written reports of doctoral thesis examiners', *Australian Journal of Educational & Developmental Psychology*, 4: 126–45.

Hyland, K. (1996) 'Writing without conviction? Hedging in science research articles', *Applied Linguistics*, 17(4): 433–53.

Hyland, K. (2001a) 'Bringing in the reader: addressee features in academic articles', *Written Communication*, 18(4): 549–74.

Hyland, K. (2001b) 'Humble servants of the discipline? Self-mention in research articles', *English for Specific Purposes*, 20: 207–226.

Hyland, K. (2002a) 'Authority and invisibility: authorial identity in academic writing', *Journal of Pragmatics*, 34: 1091–112.

Hyland, K. (2002b) 'Directives: argument and engagement in academic writing', *Applied Linguistics*, 23(2): 215–39.

Hyland, L. and Tse, P. (2004) 'Metadiscourse in academic writing: a reappraisal', *Applied Linguistics*, 25(2): 156–77.

'Improving your sentence structure'. Writing Services, The Learning Commons, University of Guelph. http://www.lib.uoguelph.ca/assistance/writing_services/components/documents/sentence.pdf (accessed 12 October 2010).

Jordan, R.R. (1980) *Academic Writing Course.* London: Collins.

Kane, T.S. (1988) *The New Oxford Guide to Writing.* Oxford: Oxford University Press.

237 Kaufer, D., Geisler, C. and Neuwirth, C. (1989) *Arguing from Sources: Exploring Issues through Reading and Writing*. New York: Harcourt Brace Jovanovich.

Mainhard, T., van der Rijst, R., van Tartwijk, J. and Wubbels, T. (2009) 'A model for the supervisor–doctoral student relationship', *Higher Education*, 58(3): 359–73.

McCloskey, D. (1985) 'Economical writing', *Economic Inquiry*, 23: 2. (Extracted from *PCI Fulltext*, published by ProQuest Information and Learning Company, 2002. pp. 187–221.)

Murray, R. (2003) *How to Survive your Viva*. Buckingham: Open University Press.

Oliver, P. (2004) *Writing your Thesis*. London: Sage Publications.

Orwell, G. (1946) 'Politics and the English language'. http://www.orwell.ru/library/essays/politics/english/e_polit (accessed 19 December 2010).

Perry, C.P. (1998) 'A structured approach to presenting PhD theses', thesis resource paper. http://www.scu.edu.au/schools/gcm/ar/art/cperry.html (accessed 22 November 2010).

Phillips, E. and Pugh, D.S. (1994) *How to Get a PhD: A Handbook for Students and their Supervisors*. 2nd edn. Buckingham: Open University Press.

Popken, R.L. (1987) 'Academic writing', *Written Communication*, 4(2): 209–28.

Preece, R. (1994) *Starting Research: An Introduction to Academic Research and Dissertation Writing*. London: Pinter.

Sadler, D.R. (1999) *Managing your Academic Career: Strategies for Success*. Sydney: Allen and Unwin.

Sadler, D.R. (2006) *Up the Publication Road*. 3rd edn. Milperra, NSW: HERDSA.

Shephard, K. (2005) *Presenting at Conferences, Seminars and Meetings*. London: Sage Publications.

Sprague, J. and Stuart, D. (2008) *The Speaker's Compact Handbook*. 2nd edn. Belmont, CA: Wadsworth.

Strunk, W. Jr and White, E.B. (2000) *The Elements of Style*. 4th edn. Boston, MA: Allyn and Bacon.

Swales, J. and Feak, C. (2004) *Academic Writing for Graduate Students: Essential Tasks and Skills*. 2nd edn. Ann Arbor, MI: University of Michigan Press.

Swales, J.M. (1990) *Genre Analysis. English in Academic and Reserach Settings*. Cambridge: Cambridge University Press.

'What is an academic essay?' Sussex Centre for Language Studies.

Taylor, D. (undated) '*The literature review: A few tips on conducting it*', Health Sciences Writing Centre, University of Toronto. http://www.writing.utoronto.ca/advice/specific-types-of-writing/literature-review (accessed 15 March 2010).

Tufte, E. (2003) 'PowerPoint is evil. Power corrupts. PowerPoint corrupts absolutely', *Wired Magazine*, Issue 11.09. September. http://www.wired.com/wired/archive/11.09/ppt2.html (accessed 31 December 2010).

Van Aalst, J. (2010) 'Using Google Scholar to estimate the impact of journal articles in education', *Educational Researcher*, 39(5): 387–400.

Wallace, M. and Wray, A. (2006) *Critical Reading and Writing for Postgraduates*. London: Sage Publications.

Watts, M. (2003) 'The holy grail: in pursuit of the dissertation proposal', dissertation proposal workshop: 'Process and parameters'. Institute of International Studies, UC Berkeley. http://globetrotter.berkeley.edu/DissPropWorkshop/process/ (accessed 3 January 2011).

Webster, J. and Watson, R.T. (2002) 'Analyzing the past to prepare for the future: writing a literature review', *MIS Quarterly*, 26(2): xiii–xxiii.

Weston, A. (2009) *A Rulebook for Arguments*. 4th edn. Indianapolis, IN: Hackett.

Woolsey, J.D. (1989) 'Combating poster fatigue: how to use visual grammar and analysis to effect better visual communication', *Trends in Neurosciences*, 12(9): 325–32.

索　引

译后记

学生在步入大学以后，学习内容和学习方式发生了很大变化，因此不少学生在撰写论文时不能及时转换写作方式和方法，他们的文章通常带有高中作文的特点。进入研究生阶段，学生虽然完成过本科毕业论文或毕业设计，但是对研究生期间的学术论文写作、报告写作仍然有些摸不着头脑。不少学生也会问起，“摘要应该怎么写?”“文献述评怎么写?”……学习内容越来越专业化，学习方式也变得多样化，一本专业的学术写作参考书对于研究生和本科生快速习得学术研究技能便非常重要。

SAGE出版集团推出的《如何撰写学术文章（第二版）》给在学术写作过程中遇到难题的研究生和本科生提供了诸多实用的建议。本书不仅介绍了常见的毕业论文、学术报告、研究论文的写作方法，还密切结合当前学术写作的在线工作和电子网络特点，展示了如何利用各种资源完成写作。本书从学术写作的写作环境管理、写作时间规划开始讲解，针对不同的写作体裁，分别介绍了学术写作方法。无论是撰写常见的毕业论文、研究报告、文献述评，还是应对课程考试、撰写研究计划书和进行论文发表，读者都可以从中找到相当实用的指导。因此，本书可以说是学习学术文章写作的必备手头工具书之一。基于此，我们三人竭力将本书翻译成中文，希望能给需要进行学术写作的读者们提供参考借鉴。

本书的内容涵盖了多样化的体裁，针对各种不同的学术写作类型提出了详细的可操作性建议。在每一章的开头，两名作者都给读者提供了明确的学习目标指引，在阅读了特定的学术论文写作方法之后，读者可以参照此学习标准了解自己能否逐条完成。在章节当中，作者除了讲解写作方法，还通过绘图、步骤解析、制表、个案分析、练习等多样化的方式给读者提供了具体的操作指导，让不同专业背景的学生都能理解学术论文写作的方法。除了本书的主体内容，各章节还根据不同的写作体裁给出了扩展资源索引，读者也可以据此查阅更多的学术论文写作参考资料。以第 5 章“研究论文”为例，作者从选题、引言写作、建立论点和发展论点到研究结论的展开和意义陈述逐条分析了在论文的每一个部分应该包括哪些内容，以及如何展开这些内容。作者通过提问的方式，引导读者思考自己文章的写作内容、研究结论，并推动读者将书中的方法代入自己的写作实践过程中去。研究生和本科生在习得书中的写作思路以后，在学术写作上一定能够很快驾轻就熟。

本书由王晓焘、聂伟和我共同翻译完成，前后历时两年。我们三人按照不同的章节主题承担翻译任务，王晓焘负责导言到第 4 章，聂伟负责第 5 章到第 9 章，我负责第 10 章到第 12 章以及之后的附录及索引的内容。最后由王晓焘和我共同负责校对。翻译过程中，我们三人常常在遇到问题时进行线上讨论，期望找到更加确切的表达，我们都深深体会到了翻译工作的不易！由于时间和能力有限，译文中仍有不周之处，敬请读者指正。

在本书翻译过程中，南京大学的风笑天教授给予了我们很多关心和支持，特表谢意。最后，我们还要感谢中国人民大学出版社负责此套图书的编辑们，尤其是盛杰编辑。正是在他们的共同努力下，本书才能和想要学习学术论文写作的读者们见面。我们对他们的认真工作表示诚挚的谢意！

邱济芳

2021 年 6 月

Writing for Academic Success, Second Edition by Gail Craswell and Megan Poore

English language edition published by SAGE Publications of London, Thousand Oaks, New Delhi and Singapore,

图书在版编目（CIP）数据

如何撰写学术文章：第二版/（ ）盖尔·克拉斯韦尔（Gail Craswell），（ ）梅根·波尔（Megan Poore）著；邱济芳，聂伟，王晓焘译. --北京：中国人民大学出版社，2021.8
（社会科学研究方法系列丛书）
ISBN 978-7-300-29736-1

Ⅰ.①如… Ⅱ.①盖… ②梅… ③邱… ④聂… ⑤王… Ⅲ.①论文-写作 Ⅳ.①H052

中国版本图书馆 CIP 数据核字（2021）第 159934 号

社会科学研究方法系列丛书
如何撰写学术文章（第二版）
盖尔·克拉斯韦尔（Gail Craswell）
梅根·波尔（Megan Poore）　著
邱济芳　聂伟　王晓焘　译
Ruhe Zhuanxie Xueshu Wenzhang

出版发行	中国人民大学出版社		
社　　址	北京中关村大街 31 号	**邮政编码**	100080
电　　话	010－62511242（总编室）		010－62511770（质管部）
	010－82501766（邮购部）		010－62514148（门市部）
	010－62515195（发行公司）		010－62515275（盗版举报）
网　　址	http://www.crup.com.cn		
经　　销	新华书店		
印　　刷	天津中印联印务有限公司		
规　　格	170 mm×240 mm　16 开本	**版　　次**	2021 年 8 月第 1 版
印　　张	19.5 插页 1	**印　　次**	2022 年 4 月第 2 次印刷
字　　数	278 000	**定　　价**	69.00 元